日本を指南する「人間グーグル」との対話

大川隆法
RYUHO OKAWA

本対談は、2012年9月11日、幸福の科学総合本部にて、
公開収録された。

まえがき

まっこと、言いたい放題、放言の連続の対談である。

『人間グーグル』こと黒川政調会長が相手だと、雑談が三日間ぐらいは続きそうである。ザルッとした会話の中にも、キラッとした真実が光っているので、読者諸氏には、そこを見落とさないようにお願いしたい。

黒川氏がまだ二十代の頃は、私の書生のような、秘書のような仕事をしてもらっていた。私は、多い時には、年に一万数千冊も本を買い込んでいたが、購入した本をジャンル別に円グラフにし、読了した本を、また専門別に円グラフにし、毎月の累計《るいけい》読書冊数までパソコンで打ち出してきたのは、この『人間グーグル』氏である。さらに、同僚と組んで、図書館（個人書庫）の蔵書の一冊一冊に、「読了済み」と「未読了」のシールを貼りはじめたので、悲鳴を上げたのは私のほうである。同じ頃、彼の運転する車で山道を一回走ったことがある。当時、私の子供たちもまだ小さかった。谷底までダイビングはしたくなく、彼が私の運転手の任につくことは、その後、二度となかった。

その彼も成長して、今や、幸福実現党の要《かなめ》となっている。きっと近い将来、大臣となって、国政をになってくれるだろう。微力《びりょく》ながら、エールを送らせてもらいたい。

二〇一二年　十月二日

幸福《こうふく》の科学《かがく》グループ創始者兼総裁《そうししゃけんそうさい》　大川隆法《おおかわりゅうほう》

「人間グーグル」との対話　目次

「人間グーグル」との対話
――日本を指南する――

11 沈黙《ちんもく》せずに提言し続けよ！　171

「人間グーグル」との対話

――日本を指南する――

［二〇一二年九月十一日　収録］

［対談者］　黒川白雲《くろかわはくうん》

幸福実現党政調会長。一九六六年十月二十五日生まれ。兵庫《ひょうご》県出身。早稲田《わせだ》大学政治経済学部卒業後、東京都庁を経て、宗教法人幸福の科学に入局。人事局長、常務理事等を歴任し、幸福実現党に入党。

［司会］　白倉律子《しらくらりつこ》

フリーアナウンサー。幸福実現党公式番組「幸福実現TV《ティーヴィー》」（インターネット配信）キャスター、幸福の科学のラジオ番組「天使のモーニングコール」のパーソナリティーを務める。

1　今、世の中が幸福実現党に追いついてきた

「人間グーグル」と名付けた理由とは

司会　それでは、本日の対談を始めさせていただきます。

幸福の科学グループ創始者兼《けん》総裁、幸福実現党名誉《めいよ》総裁の大川隆法先生と、幸福実現党政調会長の黒川白雲さんとの対談で、タイトルは、「『人間グーグル』との対話――日本を指南する――」です。

非常にインパクトのあるタイトルですが、この「人間グーグル」の意味について、まず、大川隆法先生よりお聴《き》かせいただければと思います。

大川　いつも定義から入らなければいけなくなってきつつありますね。

この前、私が側近の某《ぼう》本部長に、「幸福実現党の主張していることは、一般《いっぱん》の国民にはあまり分からないようだけど、私の政治系の話は、そんなに難しいかなあ」という話をしたところ、その人は、「いいえ、そんなことはありません。先生のお話は、みな、よく分かるんです。ただ、幸福実現党のなかで、二人だけ、その人を通すと話が難しくなって分からなくなる人がいます」と言ったのです。

その二人が誰《だれ》であるかを、そのとき、私は訊《き》き損《そこ》ねたのですが、一人はすぐに分かったので、訊かないことにしましたが、もう一人とは、今、私の横に座っておられる方（黒川氏）でないかと思われるんですね（会場笑）。

これが、彼を「人間グーグル」と称《しょう》した理由です。彼に頼《たの》んで情報の〝検索《けんさく》〟をかけると、要点だけを言ってくれればいいのに、無限に情報が出てくるんですよね。まあ、「人間都庁」と言ってもいいのですが（会場笑）、五万人分の仕事を一人でこなし、一人で役所が出来上がってしまうような方なんですね。

政党としては、そういう人も要《い》るんですよ。細かいところまで、漏《も》れなくきちっと詰《つ》める実務家というか、事務を固める人がいないと駄目《だめ》なのです。みんなが勝手なことを言っていると、目茶苦茶な組織になってしまうので、そういう人も必要は必要なんですよね。

ただ、「この人を通すと、だんだん話が難しくなる」という傾向《けいこう》があるような気はします。

私の場合は、どちらかというと、諸葛孔明《しょかつこうめい》や、日本海海戦の参謀《さんぼう》・秋山真之《あきやまさねゆき》などの勉強の仕方によく似ていて、兵法書などの要点だけをざっくりとつかみ、細かいところは捨ててしまうというやり方なんですね。細かい部分は、そのときの状況《じょうきょう》に応じて変化するものなので、捨ててしまい、ざっくりと兵法の要点だけをつかんでいくわけです。多読はするのですが、細かいことは忘れてしまっても、あまり気にしないほうなんですよ。

ところが、「人間グーグル」氏のほうは、それを許しません。徹底《てってい》的に検索をかけていくので、彼が近くにいると、情報が増えて増えてしかたがないという傾向が出るんですよね。

「もっとシンプルに、もっと分かりやすく」を心掛《こころが》けよう

司会　黒川政調会長は、二〇〇九年の立党当初から党の役職が変わらない唯一《ゆいいつ》の方です（会場笑）。「人間グーグル」と言われて、ご本人がどう思っていらっしゃるのかをお伺《うかが》いしたいのですが、その背景には、やはり、仕事能力の高さや安定感に対する信頼《しんらい》なども見え隠《かく》れしているように思います。

黒川さん、「人間グーグル」と言われることについてはいかがですか。

黒川　その点は、ケネディ様からも叱《しか》られておりまして……（二〇一〇年八月十七日収録の政治霊言「ケネディとの対話」にて）。

大川　そうだった？

黒川　ええ。「あなたは複雑に考えがちだ」ということを言われました。

大川　ああ、そうか。

黒川　「もっとシンプルに、もっと分かりやすく」ということを心掛《こころが》けたいと思っています。

大川　いや、それは「ケネディより頭がいい」ということですよ。あの人の頭は、わりあいザッとしていましたからね。

黒川　確かに、大川総裁がおっしゃるように、私は論文を書くにしても、まず情報を検索したり……。

大川　細かく情報を見ていくんですよね。

黒川　あるいは、本を集めて、情報を集約していくタイプなので……。

大川　情報がだんだん増えていくの？

黒川　そうですね。拡散していくというか（笑）。

大川　そのおかげで、党首のほうは……、今、八代目ぐらいになるかな？

黒川　はい。八代目です。

大川　党首は八代目ですが、政調会長はずっと同じ人がやっているわけですね。

黒川　（笑）（会場笑）

大川　だから、政策が一貫《いっかん》しているんだ（会場笑）。

黒川　この部分を、もう一段、イノベーションして、表現を分かりやすくしていきたいと思っています。

グーグルは、誰もが世界中の情報にアクセスできるツールということで、非常に世界に広がっていますが、一つ欠点があります。それは、「検索結果に付加価値がない」ということなんです。

大川　（笑）（会場笑）

黒川　検索結果が玉石混淆《ぎょくせきこんこう》に出てくるわけです。例えば、「尖閣《せんかく》」で検索すると、右（保守）から左（左翼《さよく》）まで検索結果が平等に出てくるんですね。

付加価値の高い順に出てくればよいのですが、こういうところが難点と言われている部分なんです。

マスコミにも「人間グーグル」に似たところがある

大川　当会には、意外にマスコミ体質的なところがあって、マスコミとよくぶつかるんですが、似ているところがあるのかもしれませんね。

黒川　そうですねえ。

大川　そういうところが、けっこう似ているんでしょうか。

黒川　そうかもしれません。

大川　「宗教なら、もうちょっとボーッとしていろ」と、向こうは言いたいところなんでしょうね。

マスコミは、緻密《ちみつ》に情報を集めて、細かいところを攻撃《こうげき》してきますが、「こういう情報に基《もと》づけば、ここがおかしい」と言って攻撃しても、こちらには「人間グーグル」がいるため、宗教政党のわりには何だか細かい打ち返しが返ってくるわけです。何か、卓球《たっきゅう》みたいな感じなんですよね。

黒川　はい。大川総裁から政策の大きな方向性を示していただいておりますので、そこを細かく詰めていくかたちで……。

大川　私の場合、自分が説法《せっぽう》で言ったことを、数日たつと、もう忘れていることがあるので（笑）、「人間グーグル」に入れておいて、検索できるようにしないといけませんね。

「どこで、いつ、何を言ったか」というのを、誰かが覚えておいてくれないと、自分でも忘れることがよくあるのです。ときどき、以前に言ったことと矛盾《むじゅん》したことを平気で言ったりするので、あなたのような人がいて、ちょこちょこと指摘《してき》してくれると助かるんですよ。

まあ、編集部などにもそんな人がいて、いろいろ調べて、ちょこちょこと直してくるのですが、「おお！　私は、そんなことを言っていたのか」と思うようなことがあります（笑）。誰かが覚えておいてくれれば、それで用は済むので、こちらは頭の負担が楽になっていいですよね。

私のほうは、いつも、未来を拓《ひら》いていくためのキーワードや考え方などを探しているので、過去に言ったことには、あまりとらわれていないのです。そのため、繰《く》り返し、似たようなことを言う場合もありますし、全然違《ちが》うことを言う場合もあります。

一方、マスコミには、わりに「人間グーグル」的なところがあるんですよね。彼らは、「いろいろな情報を集めてきて、五十本ぐらい企画《きかく》をつくり、それが十本ぐらいに絞《しぼ》り込《こ》まれる」という感じでやっているようです。週刊誌なども、みな、「情報を余分に集めて、それを削《けず》っていき、残ったものを出す」というような体質らしいですよね。

私のように、バシーンと一発で決め打ちしてくるような感じではないわけです。

マスコミの情報をガラクタに変えつつある幸福の科学の発信力

黒川　大川総裁は、十数万冊という蔵書を持っておられて、その膨大《ぼうだい》な情報のなかから、必要なものをスパッと出してこられるところがすごいと思います。

大川　その代わり、私の頭のなかは、「グーグル」ではなくて、「蜂《はち》の巣」のようになっているんですよ（笑）。

黒川　いえいえ。しかも、霊界《れいかい》のあらゆる所にアクセスして、古今東西の智慧《ちえ》を引っ張ってこられるのは、すごいことです。

大川　いやいや、あなたが言ったキーワードである「付加価値」があるかどうかが問題ですよね。

付加価値がなければ、いくら情報を集めても、それはガラクタであって値打ちがないわけですからね。

そういう意味では、当会の打ち出した情報が、いろいろなマスコミの情報をガラクタに変えつつあるんですよ。

黒川　はい。

大川　そのため、当会とマスコミは業種が違うのに、競争が起きることがあるわけです。もし、うちの情報が正しいとするならば、あちらが出しているものはガラクタということになりますが、そういうことがよくあるんですよね。

それから、マスコミの主張とは正反対の、「逆張《ぎゃくば》り」をしていることがよくあるんですが、時間がたつと、こちらの言うとおりになってくることが多いんですね。

世の中の認識は、当会よりも三年ズレている

黒川　「時間がたてば、世の中がついてくる」ということを、今、非常に強く感じています。

大川　大まかに言って、やはり、三年はズレていますよね。

黒川　はい。そうですね。

最近では、辻立《つじだ》ちをして国防問題について訴《うった》えていると、「もっと言え！」というような激励《げきれい》の言葉がかかるようになったんです。例えば、先日、尖閣諸島問題についで語っていたら、あるおじいさんから、「もっと言ったほうがいいぞ。もっと言え！　もっと言わないと駄目だ！」と言われました。そういうことは、これまで

にはなかったことです。

また、商店街などを回っていても、これまでは消費税増税の話題が多かったんですけれども、尖閣や竹島《たけしま》などの国防の話題について、向こうから話しかけてこられることもあります。

大川　最近、政治家が、書いたり言ったりしていることのなかに、「国難」という言葉が出てくるようになりましたね。

黒川　はい。そうです。

大川　普通《ふつう》に使われ始めましたよね。

黒川　新聞にも、「国難」という言葉が普通に出てくるようになりました。

大川　今は新聞も「国難」という言葉を使っていますが、三年前に「国難」と言ったのは、うちしかなかったんですよ。

黒川　そうですよね。

大川　あのときには、みな、「国難」なんて、何も見えていなかったのです。「国難選挙だ」とか、「これから国難が来るぞ」とか言っていたのは、うちだけです。

黒川　確かに、二〇〇九年には、北朝鮮《きたちょうせん》のミサイルのことを「飛翔体《ひしょうたい》」と報道していましたので（笑）、マスコミは、まだそういう段階でした。

大川　そうそう。「飛翔体が……」とか言って、まだ、そのへんをごまかしていましたよね。

黒川　政府のほうも、「飛翔体が……」と言っているような時代でした。

大川　まあ、そんな時代であって、「不審船《ふしんせん》が領海を侵犯《しんぱん》しても、それは一時的なもので、すぐに消えてくれたら、もう、それで話が終わる」というような感じでしたね。

黒川　そうでした。

大川　しかし、うちのほうは、「向こうは、こういう戦略を持っていて、もっと長く継続《けいぞく》的にやってくるぞ」ということを、繰り返し言っていたので、だんだん、「もし、そうだったら大変だな」という感じになってきました。

確実に「風」は変わってきている

黒川　三年たって、ようやく世の中が追いついてきたと思います。われわれも、今、すごい追い風を感じております。

大川　うーん、そうですね。

黒川　「宗教家が言っていることのほうが正しいのだ」という、「時代の予言者」の証明が、今、徐々《じょじょ》になされつつあると思います。

大川　難点は、まだ票が入らないことだけですね（笑）。

黒川　ただ、それも時間の問題だと思います。世の中がついてきつつあることを、確実に感じています。

大川　まあ、確かに、風は変わってきていますよね。

黒川　はい。

大川　先日、私が、宇都宮《うつのみや》の総本山のほうで説法をするために、東京駅に行ったときのことです。

私は、いちおう変装しているつもりの格好をしていて、子供たちも一緒《いっしょ》にいたんですけれども、エレベーターで新幹線のホームに出て、新幹線に乗ろうとしていたら、反対側のホームの軽井沢《かるいざわ》方面行きの新幹線に自民党の政治家が乗っておられたようで、「先ほどから、ずーっと先生のほうを見ていますよ」と、秘書に言われたんですね。

それで、その新幹線が出るときに、向こうが手を振《ふ》ったので、こちらも、みんなで手を振ったら、喜んで、ずーっと手を振り続けていました。

そのあとで、「あの人は誰だったっけ?」と言っていたのですが、最近の雑誌を見たら、「落選させたい政治家」の番外編で、「防衛費に関して、潜水艦《せんすいかん》の予算削減《さくげん》を要求した人」として書かれていました。「『こんなものは要らない』と言って削減を求めていたが、もし削られていたら抑止力《よくしりょく》がなくなるところだった」というようなことを、某週刊誌が書いていましたけどね。

「私も、そんな遠くから見て分かるほど有名になったのかなあ」と思いました。

黒川　そうですね。
私も、先日、兵庫《ひょうご》県の丹波《たんば》市で、中国評論家の石平《せきへい》さんと講演会を開催《かいさい》させていただいたのですが、地域の方が一生懸命《いっしょうけんめい》にＰＲしてくれたおかげで、二百八十名の会場に三百二十名が来られ、そのうち、一般の方が百五十名も来られたんです。

大川　ああ、そうですか。

黒川　これまでは、地方では、国防への関心はそれほど高くなかったように思いますが、最近は、数多くの方々が話を聴きに来られるようになりました。

そのときも、特にこちらからお誘《さそ》いしたわけではないのですが、原発を抱《かか》えている地域の町議さんも来られていました。

また、最近では、地方での幸福実現党の講演会に、県議や市議の方々が、よく参加されており、今、幸福実現党の政策が非常に注目されてきているのを感じます。

2　党派を超《こ》えた「幸福実現党の活動」

「幸福実現党の戦略」に乗って動いている野田《のだ》首相

大川　今のところ、まだ首相をやっておられる野田《のだ》首相は、先日、ロシアへ行ってきたようですが（注。九月八日、野田首相は、ウラジオストクで開かれた「APEC《エイペック》首脳会議」に出席し、その際にロシアのプーチン大統領と会談した）、彼は、当会が言っている「対ロシア戦略」に乗っていると思われます。

おそらく、野田首相の側近が当会の情報を伝えているはずなので、彼は、ロシアとの友好を強めて、中国封《ふう》じに入ろうとしているのだろうと思うのです。

最近、私は、「松下幸之助《まつしたこうのすけ》の霊言《れいげん》」を収録し、本にして出しました（『松下幸之助の未来経済リーディング』〔幸福の科学出版刊〕）。

　そのなかで、野田首相は、松下幸之助さんから、また批判されているのですが、ある日の夜中に、野田首相の守護霊《しゅごれい》が私のところにやってきて、「いやあ、幸之助先生のおっしゃるとおりであり、それに間違《まちが》いはございません。お叱《しか》りについても、まことにごもっともです。これから、できるだけ景気を回復させて、期待に応《こた》えるようにいたします。また、その他の面についても、ずいぶんお世話になっておりますす」などと言っていました。

　野田首相は、なかなか、したたかな人ですね。うちが批判していても、守護霊がそういうことを言いに来ますからね。

　野田首相の守護霊が、「お世話になっている」と思っているのは、おそらく、反原発運動を明確に批判しているところや、「国防について、もっと強気で押《お》さなければ駄目《だめ》だ」と言っているところでしょう。

　それから、「中国や韓国《かんこく》に対しても、もっと強くなければいけない」「日米安保《あんぽ》も、きっちりと堅持《けんじ》しなさい」「ロシアと友好関係を結ばないと駄目だ」と言っているところなどでしょうね。

このあたりについては、全部、うちの戦略に乗ってきています。野田首相の守護霊は、「基本的に、私は幸福の科学の信奉者《しんぽうしゃ》なのです」と言っていました。

このように、幸福の科学や幸福実現党には、「批判をしつつも、その相手から頼《たよ》りにされている」というところがあるのです。

それは、私たちが単なる好き嫌《きら》いや党派性だけでやっていないからです。私たちは、「こうすべきだ。これが正しい」と思うことを述べているので、「意見が、たまたま合う場合と、合わない場合がある」というだけで、好き嫌いではやっていないのです。

安倍晋三《あべしんぞう》氏や石原伸晃《いしはらのぶてる》氏の考えは幸福実現党に近い

大川　自民党の次の総裁候補である安倍晋三《あべしんぞう》さんや石原伸晃《いしはらのぶてる》さんは、両方とも、幸福実現党の考え方に、わりに近いと思うんですよね（注。九月二十六日に行われた自民党総裁選で、安倍晋三氏が新総裁に選出された）。

黒川　はい。そうです。

大川　どちらにも、当会との交流がかなりあるし、考え方も幸福実現党に近いと思います。別に、どちらがいいとは思っていませんが、彼らの考え方に、そうとう影《えい》響《きょう》を与《あた》えているだろうと思います。

また、石原伸晃さんが自民党の幹事長になったのは、私が推《お》したことが効いたからなのは間違いないでしょう。彼が、もし自民党の次の総裁になれれば、総理になる可能性が極《きわ》めて高くなると思いますが、実は、麻生《あそう》政権のときに、「石原伸晃さんを自民党の幹事長にしなさい」と進言したのは、私なのです。そのとき、麻生さんは、すぐにその話に乗らないで、ぐずぐずしていました。彼は、自分自身にものすごく自信を持っていて、後継者《こうけいしゃ》をつくらずに長期政権をやる気でいましたのでね。

前回の衆院選では、自民党の保守本流も防衛問題から逃《に》げていた

大川　そこで、私は、「これでは駄目だ」と思って、結局、幸福実現党を旗揚《はたあ》げしました。民主党の鳩山《はとやま》さんが、「保守分裂《ぶんれつ》だ。これで民主党が勝った」などと言っていたようですが、この点については、〝宇宙人〟の言うことも当たっていたかもしれません。

麻生さんは、北朝鮮《きたちょうせん》のミサイル問題についても、すごく軟弱《なんじゃく》だったので腹が立ちましたし、航空幕僚長《ばくりょうちょう》を更迭《こうてつ》し、〝口封じ〟をした事件もありましたね。

黒川　はい。田母神俊雄《たもがみとしお》さんですね。

大川　ああいうのは、国民の麻生さんへの期待に比して、あまりにも情けない対応でしたよ。もう、「隠蔽《いんぺい》した」という感じでした。

あんなことをするのであれば、ほかの人が首相でも十分でしたね。あんなに弱いのでは、吉田茂《よしだしげる》の孫としては、ちょっと情けなかったですよ。

結局は、保守分裂したため、自民党が負けて、民主党は勝てたのかもしれません。ただ、あのとき、幸福実現党が、「国難が来る」と言ったこと自体は、日本の政局にとって、ある意味で、十分なウォーミングアップになったと思います。

自民党も民主党も、防衛問題から、はっきりと逃《に》げていましたからね。

黒川　どちらも選挙の争点にしませんでした。

大川　それを言うべきなのは、本当は、自民党の保守本流であったはずなのに、防衛問題からは完全に逃げていましたね。だから、あのときに、国防を言うべき人が、どうしても必要だったのです。

幸福実現党は、「自民党の別働隊」と言われたこともあったけれども、いつも、言うべきことは言ってきたつもりです。

二〇〇七年の参院選で自民党はなぜ大敗したのか

大川　また、今、安倍さんが復活しようとして頑張《がんば》っていますし、彼を応援《おうえん》する本なども出ています。

安倍政権が崩壊《ほうかい》したのは、二〇〇七年の参院選で自民党が大敗したことが原因でしたが、あのときは、少し気の毒なことをしてしまい、申し訳なかったなと思っています。

当時、安倍さんのほうから、「ぜひとも当選させたい当落線上の候補が四人いるので、彼らを応援してほしい」という依頼《いらい》があったんですよ。それで、その四名を当会が応援したところ、四人とも当選しました。

しかし、その四人についてしか応援を頼《たの》まれなかったので、それ以外の候補者については、全然応援しませんでした。そうしたら、自民党は大敗してしまったのです。安倍さんは、自民党があそこまで大敗するとは考えていなかったのでしょう。その後も、彼は、私が応援していると思って、一カ月ぐらい辞《や》めずに頑張ったのですが、それが裏目に出てしまったようなところもあり、最後には気の毒な感じになりました。

ただ、安倍さんや石原伸晃さんなど、みな、私とほぼ同世代になってき始めたので、私の話が分かるぐらいにはなってきています。

幸福実現党という一党一派を旗揚げしている以上、もちろん、しっかりとした地《じ》盤《ばん》をつくっていきたいとは思っていますが、「この国の将来にとって、責任ある意見を言う」という部分については、曲げる気はありません。

幸福実現党は、いろいろな発信をしていますが、自民党政権でも民主党政権でも、聞くべきところは聞いていると思います。

消費税増税法案を通した野田《のだ》首相は意外に〝したたかなドジョウ〟

大川　民主党は、消費税の増税法案を通しましたけれども、そのなかには、景気の状態によって増税をするかどうかを決める「景気弾力条項《だんりょくじょうこう》」が入っています。「日本再生戦略」などというインチキな景気回復策では、弾力条項をくぐり抜《ぬ》けられるはずがありません。もっと強力な経済政策を推進しないかぎりは無理です。日本再生戦略にある「名目GDP三パーセント、実質二パーセントの経済成長」などというのは、「何もしない」と言っているのとほとんど同じようなものでしょう。あんなものでは駄目です。もっと強力な政策を打ち出さなければ、弾力条項に引っかかって、消費税上げは実現できないはずです。

要するに、野田《のだ》首相は、「実際に消費税上げができなくても、法案さえ通せば実績になる」という考えだったのだろうと思いますね。

野田さんは、意外にしたたかです。彼は、以前は財務省の〝お飾《かざ》り〟でしたが、増税法案を通したことで財務省に恩を売ったため、今度は、逆に財務省を取り込《こ》みにかかっているような感じがします。

意外に、彼は〝したたかなドジョウ〟ですよ。小骨が多くて、のみ込めない感じがしますね。一年たって、ジワジワと逆襲《ぎゃくしゅう》をかけてきている感じです。小沢《おざわ》一派をあっさりと蹴《け》り出して増税をやったのを見ると、意外に強いところが出てきたように思いますね。

黒川　はい。そうですね。

石原伸晃《いしはらのぶてる》氏が総理になるには、父親に引導を渡《わた》す必要がある

大川　石原伸晃《いしはらのぶてる》さんも、少しひ弱な感じに見えるけれども、ああいう人も、おそらく、一年ぐらい首相をやると強くなってくるタイプでしょう。でも、彼には親父《おやじ》さんの問題があります。親父さんが、上皇《じょうこう》のように頑張っているのでね。

黒川　上皇のように（笑）（会場笑）。

大川　天皇と上皇の関係のように、〝上皇〟である父親が頑張っていて、「首相よりも、都知事のほうが上だ」といった感じだと、息子《むすこ》の伸晃氏が首相になれるのか。そういう大きな問題があります。

もし、彼が首相になったら、この点はマスコミに絶対つつかれるでしょうね。マスコミに、「都知事に振《ふ》り回される総理」などと言われて、いじられ続け、「父親にいつ引導を渡《わた》すか」という親子の葛藤《かっとう》が、しばらくは面白《おもしろ》おかしく報道されることになるでしょう。

したがって、伸晃氏は、どこかの時点で、父親を引退させるか、黙《だま》らせるか、そのどちらかをしないといけなくなるでしょうね。「親父、ちょっと海釣《うみづ》りにでも行ってくれるか」などと言って、政治の世界から追い出さないといけないと思います。

黒川　石原慎太郎《しんたろう》さんは、伸晃さんを、まだ、「ひよっこ」だと見ているのでしょうね。

大川　やはり、伸晃さんにとっては、うっとうしいでしょう。「息子が総理になっても、父親が現役《げんえき》で東京都知事をやっていて、色気《いろけ》満々で国政をかき回してくる」

というのでは、やりにくいですよ。この「親子の葛藤」を乗り越えなければ、伸晃さんには、「次」がないでしょう。この葛藤が、しばらく、マスコミの餌食《えじき》というか、ワイドショー的なお楽しみになるでしょうね。

黒川　そうでしょうね。

幸福実現党のおかげで、保守系の政治家が出やすくなった

黒川　でも、今、自民党の総裁候補者も、保守系の人が出てくるようになりました。安倍さんや石原さん、石破《いしば》さんもそうですね。

大川　そうは言っても、この状況《じょうきょう》は、幸福実現党の恩恵《おんけい》をかなり受けていますよ。

黒川　そうだと思います。
　自民党の議員と話をしたときに、「幸福実現党が『憲法改正』や『国防強化』を言っているので、国防について言いやすくなりました」と言われました。

大川　そうでしょうね。幸福実現党は、もっと過激に言っているので、ほかの政党の言っていることは、ソフトに聞こえますからね。

黒川　「自分たちの主張がソフトに聞こえるので、言いやすくなりました」と言っていました。先日、自民党の議員が、辻立《つじだ》ちで「尖閣《せんかく》を守ります！」と言っているのを聞きましたが、過去には考えられなかったことです。幸福実現党が出たおかげです。

大川　そうですね。

石破さんなども、ものすごい「軍事オタク」なんでしょうけれども、幸福実現党のほうが、もっと激しいことを言うので、彼の言っていることが普通《ふつう》に聞こえるでしょうね（注。十月二日、石破氏の守護霊と矢内筆勝《やないひっしょう》幸福実現党出版局長との対談が行われた。『国防アイアンマン対決』〔幸福実現党刊〕参照）。

黒川　そうです。普通に聞こえて、けっこう支持を集めていたりするんですね（笑）。

大川　うちのほうが、もっときついことを言っているのでね。

黒川　昔だったら、石破さんは、「右翼《うよく》」と言われたような人かもしれません。

大川　当会は、「中国の秘密軍事基地から、日本の十四都市が狙《ねら》われている」（『中国「秘密軍事基地」の遠隔透視《えんかくとうし》』〔幸福の科学出版刊〕参照）とまで言っています。

ここまで来ると、オタクのレベルをすでに超《こ》えているので、たまらないでしょうね。ほかの人たちは、言いやすくてしかたがないでしょう。

黒川　そうですね。

核《かく》・空母・原潜《げんせん》の必要性を、はっきり提言している幸福実現党

黒川　石破さんも、核《かく》武装論者《ろんじゃ》だとは思うのですが、幸福実現党の主張のおかげで、言いやすいと思います。

大川　また、海上自衛隊は、ヘリコプター搭載護衛艦《とうさいごえいかん》（ヘリ空母）の甲板《かんぱん》の幅《はば》を広げたり、長くしたりして、戦闘機《せんとうき》を載《の》せられるようにしようとしていますが、「せこいことをしないで、空母をつくるなら、きちんとつくりなさい」と私は言ってい

ます（『「アエバる男」となりなさい』〔幸福実現党刊〕参照）。うちは、そういうところをはっきりと言いますのでね。

黒川　そうですね。原子力潜水艦《せんすいかん》についても言っています。

大川　ええ。なぜ原子力潜水艦は駄目で、普通のディーゼル潜水艦ならいいのでしょうか。ディーゼル潜水艦は、燃料を頻繁《ひんぱん》に補給しなければいけないので、しょっちゅう寄港しなければなりません。

原子力潜水艦の強さは、一年中でも潜《もぐ》っていられることにあります。食料の補給は必要ですが、理論的には、一年中、海のなかを航行していてもエネルギーの補給が要《い》らないので、抑止力《よくしりょく》としては抜群《ばつぐん》に優《すぐ》れているんですよ。

ディーゼル潜水艦の場合、油が切れたら、すぐどこかの港へ行って油を補給しなければなりませんが、海面に浮上《ふじょう》して寄港したら、すぐに発見されますし、給油している間《あいだ》に攻撃《こうげき》されてしまいます。

一方、原子力潜水艦は、ずっと潜ったままで世界中の海を動き回れるので、抑止力という意味では、とても強力なんですよ。

黒川　そうですね。原潜を持っていること自体が抑止力になります。

大川　ええ。これは、「軍事オタク」なら、当然、知っていることだろうけれども、マスコミの報道には、まず出ませんからね。

司会　お話が盛り上がっていますが……。

大川　ああ、すみませんね。

黒川　（笑）

3　さらに発展する「首都圏の可能性」

東京都庁に「首席」で入庁した黒川政調会長

司会　「立党当初から、正論を引っ張り続けている」という話から始まって、本日、九月十一日時点でマスコミの話題にもなっております、民主党代表選、自民党総裁選の話など、非常ににぎやかな話題にまで及《およ》びました。

「人間グーグル」の黒川さんは（笑）、一九八九年に早稲田《わせだ》大学を卒業され、東京都庁に入庁されています。石原《いしはら》都知事の時期ではなかったのですが、そのへんにもフック（つかみ）になる話題がおありかと思います。

そもそも、兵庫《ひょうご》県宝塚《たからづか》市出身で……。

大川　宝塚？

司会　はい。

黒川　（笑）

大川　場違《ばちが》いではない？

黒川　そうですね（会場笑）。まあ、ちょっと場違いなんです。

司会　先ほど、辻立《つじだ》ちのお話も出ましたが、昨日まで、黒川さんは近畿《きんき》地方で活動されていました。このあと、また、飛んで行かれるのでしょうか。

そのあたりは、橋下徹《はしもととおる》氏の大阪維新《おおさかいしん》の会（日本維新の会）でも話題になっている所ですので、非常にフックになる話題があるかと思います。
ちなみに、黒川さんはトップの成績、首席で入庁されて……。

大川　どこに？

司会　東京都庁です。「当時の鈴木《すずき》都知事の前で、全新入庁員を代表して挨拶《あいさつ》をした」という実績が……。

大川　ほおぉ。早稲田からは一人しか受けていなかった？

黒川　いえいえ。そんなことはありません（笑）。

大川　まあ、グーグルですからね。そのくらいの成績を取ってもおかしくはありません（会場笑）。

それは、東京都の水道局や清掃局《せいそう》（二〇〇〇年廃止《はいし》）など、そういう人も全員含《ふく》めたトップでしょうね？

黒川　そうです。

大川　それは、大したものだ。

黒川　いえいえ。

でも、九一年に幸福の科学へ出家《しゅっけ》させていただいたときには、けっこう話題になりました。

大川　ああ、そう？　全然、聞いたことがないです（会場笑）。

黒川　（笑）都庁のほうでの話題です。都庁を辞《や》めて、幸福の科学に行ったと……。

大川　ああ、都庁のほうですね。幸福の科学のほうでは、全然、話題になっていませんでした。〝二十三年ぶりの真実〟というわけですね（会場笑）。

そうですか。都庁をいい成績で受かったんですね。どうでもいいことだから、考えてもいませんでした。

黒川　本当にどうでもいいことです（笑）。

大川　全然、考えていませんでした。ごめんなさいね。都庁の建物に入っている五万人は、全員、無駄《むだ》だと思っていましたので。

黒川　はい。そのとおり、無駄仕事ばかりです。

大川　私は、「あのような場所に、仕事ができる人は一人もいない」と思っていました（笑）。たいへん申し訳ない。本当に秀才《しゅうさい》だったんですね。まじめに勉強しないと、なかなか受からないのでしょう。

マスコミに叩《たた》かれるぐらい立派な庁舎で仕事をしていた

大川　あのころは、ちょうどバブル期で、鈴木さん（鈴木俊一《しゅんいち》・元都知事）がいい〝お城〟を建ててくれましたね。

黒川　そうですね、新宿に。

大川　あれなら、国会議事堂が潰《つぶ》れても、都庁で代わりができますよ。「都庁で国会ができます」という感じでしたからね。確かに、国会を吸い取りたくなる感じはありました。

黒川　はい。バブル全盛期のころでした。

大川　誤報でしたが、「知事室に大理石の風呂《ふろ》をつくった」など、いろいろと叩《たた》かれた時期でしたね。

黒川　はい。マスコミに叩かれたこともございます。

大川　高価な大理石の風呂に入って、東京都を見下ろしたら、気持ちがいいでしょうね。

黒川　知事室のフロアなども、とてもフカフカの絨毯《じゅうたん》で……。

大川　ああ、いいですね。

黒川　知事室前の廊下《ろうか》だけは通ったことがあるんですけれども（笑）。

大川　でも、私は賛成です。もう、昼間から風呂に入って、東京都民の暮らしを眺《なが》めるべきだと思いますね。夜は酒を飲んで、お風呂に浸《つ》かり、そのまま脳溢血《のういっけつ》か何かで逝《い》ってしまうとよかったのかもしれません（会場笑）。
鈴木さんもかなり年を取っていましたからね。でも、体は柔《やわ》らかかったですよ。

黒川　そうですね。

「臨海副都心」の開発を担当していた都庁時代

黒川　私は、ちょうどバブル真《ま》っ盛《さか》りのころ、「ウォーターフロント」と言われる、お台場《だいば》のあたりの開発にかかわっていました。

大川　あれをやっていたんですね。副都心？　何でしたか。

黒川　「臨海部副都心開発計画」というものをやっておりました。

大川　臨海副都心ですよね。それは覚えています。あなたが幸福の科学の職員として入ってきたとき、「臨海副都心という埋《う》め立ての〝バカ仕事〟は、黒川さんがやりました」と、みな、言っていましたよ。

黒川　はい、そうです（笑）。

大川「人が全然来ない」などと言われていましたね。

黒川　バブルのあと、人が来なくて、「三セク」（第三セクター。東京都と民間が出資した地域開発会社）が次々と潰れました。

大川　そうですね。最初はさみしすぎて、駄目《だめ》でしたね。「臨海副都心をつくったものの、人が来ないではないか。これでは生活ができない。『サンクス』一店で、どうやって生活するのか」という感じでした。

それでも、二十年たって、ようやく使えるようになってきたのでしょうか。

黒川　そうですね。街らしくなりました。

大川　あのような所を埋め立てて、東京に土地をつくるというのは、大きな構想だから、気分はよかったでしょう？　あのときは、まだ土地が不足していて、幾《いく》らでも値上がりしていたので、「土地をつくれば、財産が増える」という感じでしたからね。

今でも、あのへんは、空間がだいぶ空《あ》いているように見えますし、全体的に建物が低いですよね。

黒川　そうですね。

世界に誇《ほこ》る関東平野を生かした「都市計画」を

大川　この前、夏休みが終わったので、「子供が減っただろう」と思って、やっと、東京スカイツリーに上ってきました。そこから見てきたのですが、やはり建物が低いですね。

しかし、関東平野は広いです。これだけの都市圏《けん》を持っている国は、世界中、どこにもありません。

スカイツリーからは、関東の果てまで、ザーッと見えるんですよ。四千万人が首都圏に住めて、ほぼフラットでしょう。宇都宮《うつのみや》あたりでも、まだ海抜《かいばつ》二百メートルぐらいまでですからね。

ただ、建物があっても、すべて低いから、「あれが新宿なんだろうか」「お台場は、どこなんだろうか」という感じです。建物が少ししかなくて、全部、低いので、まだまだ幾らでも開発の余地はあります。

「東京にも隠《かく》れた断層がたくさんある」と言われますが、地震《じしん》が来てくれたら、もう一回、しっかり都市計画をやり直して、すごいことを、一発、やらないといけないですね（会場笑）。ドバイなどに比べたら、もう、完全に負けていますよ。

黒川　そうですね。

大川　人工都市というのは、ガシッとしていて、本当にすごいですよ。

「公共の福祉《ふくし》」の観点から都市計画を

黒川　私が都庁に入った動機の一つは、「都市計画をやりたい」というものでした。

今、東京都区内の建物の平均階数は二・五階です。

大川　二・五階では（笑）……。

黒川　ちなみに、ニューヨークは平均十五階建て、パリは平均六階建てです。

大川　ニューヨークでも、まだ、十五階ぐらいですか。

黒川　はい。全建物の平均になります。

大川　やはり、そのへんのショックはありますよ。十五階ですか。私がニューヨークへ行ったころでも、十五階は目立たなかったです。あのへんは、五十階、百階という建物が普通《ふつう》にありましたからね。

「これらが建ったのが、八十年前や百年前」と聞いて、衝撃《しょうげき》を受けましたよ。

黒川　（笑）そうですね。

大川　例えば、一九〇〇年代の初めのころには、エンパイア・ステート・ビルのエレベーターは屋上まで上っていました。キングコングが登る前からありましたね。

あのようなものが日本にできたのは、霞《かすみ》が関《せき》ビルが建ったころです。そのあたりから広がり始めたのですが、日本では、地上《じあ》げのところがとても難しい。

黒川　日本の場合、私権が強いので、地上げが難しくなっています。

大川　強すぎるんですね。

黒川　民法等によって、土地に対する私権が非常に強く守られています。今、東京の木造住宅密集地域の災害対策について、石原都知事も悩《なや》んでいるところだと思います……。

大川　そうなんですよ。一坪《つぼ》地主や、木造の一階一戸建て、二階二戸建てなどですね。土地の値段がすごく高い所に、一戸建てや二戸建ての木造住宅が建っています。それで、だいたい、「公明党に投票しましょう」という〝創価学会《そうかがっかい》の広告〟が貼《は》ってあるんですよ。あるいは、共産党ですね。

黒川　共産党のポスターも貼ってありますね。

大川　やはり、あのようなものは強制退去させないといけないと思います。個人の利益を超《こ》えている部分があるかもしれませんよ。

黒川　そうですね。火がついたら、周りに延焼していきますので、個人の権利だけでなく、「公共の福祉《ふくし》」の観点から建て替《か》えを促進《そくしん》すべきだと思います。

大川　まあ、少し難しいところはありますけれどもね。

「下町を大きな商圏《しょうけん》にする」というスカイツリーの例

大川　スカイツリーに行ってみても、テナントとして、けっこういい店を集めているんですよ。つぶさに見てきたのですが、お台場に比べると、集めている店のブランドの質がだいぶ違います。レベルがかなり上です。だから、あれを企画《きかく》した人は、そうとう苦労して、いい店を集めていると思われますね。

おかげで、今、スカイツリーから浅草《あさくさ》の浅草寺《せんそうじ》へ行く途中《とちゅう》にある店がだいぶ潰れかかっていて、苦しいらしいのです。近所の人がスカイツリーのほうへ買いに行くのでね。

中国人や地方の人が行くのは、別に構わないんですが、近所の人が野菜や魚、肉などを、デパ地下のような感じで買いに行くので、店が潰れかかっているわけです。だから、基本的に反対するのだろうと思います。

しかし、そういうものができるときに、お店を持たせてもらえないようなブランドしかないのであれば、やはり、マネージャーか何かにでも雇《やと》ってもらえるようにしたほうがいいですね。鞍替《くらが》えはしかたがないと思いますよ。

黒川　そうですね。そういう大規模店舗《てんぽ》のなかで雇ってもらうなど、雇用《こよう》対策が必要ですね。

大川　私が子供のころには、「町にスーパーができる」というのは一大事件で、近所のパパママストアは、みな、「スーパーなどというものができたら、私たちの店は全部潰れる」と言って反対していました。

それで、近所の八百屋《やおや》が二代目の息子《むすこ》さんの代になったとき、「コンビニエンスストア」と看板に書いたのですが、当時、コンビニエンスストアという英語を知っている人など、当然いるわけがありません。私も分からなかったぐらいです。

みな、「コンビニとは何だろう?」と言っていましたが、店が開《ひら》いてみたら、ほとんど一緒《いっしょ》でした（笑）。八百屋に少し毛が生《は》えたようなものでしたけども、その当時、「ほかの店が潰れるのではないか」という心配はすごくありましたね。

でも、やはり、何か大きな店をつくるときには、テナントで入るようなかたちで、町おこしに協力すべきです。そうしないと、もったいないですよ。

東京タワーの下には、確か、土産物《みやげ》屋以外、大した店はなかったと思いますが、スカイツリーのほうは、ショッピングモールがそうとう充実《じゅうじつ》しています。あれを見ると、東京はまだまだ人を集める所をつくれますね。

今、新宿や渋谷《しぶや》、池袋《いけぶくろ》に重点がありますが、「下町のほうに大きなショッピングセンターができた」ということは、そこに大きな商圏《しょうけん》ができることを意味していると思います。

だから、本当は、東京都自体、都市計画がもっとしっかりすれば、さらに発展する可能性はありますし、東京を超《こ》えて、首都圏の計画までしてほしいですね。

黒川　そうですね。まだまだキャパを使い切っていないと思います。

「首都を東北に移したい」と言っていた堺屋太一《さかいやたいち》氏の守護霊《しゅごれい》

大川　これについて、先見性があったのは、長谷川慶太郎《はせがわけいたろう》さんで、「関東平野は世界の心臓」という言い方をしていました。

彼は、「『東京と横浜《よこはま》という貨物船が着く大きな港があり、さらに平野がザーッと広がっていて、何千万人も住める』という点で、世界にこれだけのものはない」ということを、確か、八〇年代の本に書いていました。けっこうひっくり返った、逆説的な言い方ではありましたけれどもね。

当時は、「人口が多すぎる」など、首都圏や東京に対しては、いろいろと反対するような意見が多かったときです。堺屋太一《さかいやたいち》さんの遷都論《せんと》もありましたよね？　あれは、あなたが都庁に入ったころではありませんか。

黒川　はい、ありました。そのころでした。

大川　いちおう、法律は通ったのではないでしょうか。

黒川　はい。「移転先の候補地を選定する」という法律ですね。

大川　「首都機能を移転する」というところまで通ったような気がしますね。

　あのとき、堺屋太一さんの守護霊《しゅごれい》に、「どこを狙《ねら》っているのですか」と訊《き》いたら、「私は、東北の大名なので、当然、首都を仙台《せんだい》方面に引っ張っていきます」と言っていました。あちらに引っ張られていたら、大変なことになっていましたね。

　彼の守護霊は、「日本の首都は西から東へと移ってきているから、当然、次は東北です。東京都から、さらに上に持っていきます。昔、東北地方の藩主《はんしゅ》をやっていたので、今、そちらのほうに引っ張っていきます」と言っていたのです。

首都の条件としては「情報」「人口」「物流・交通」「人材」が重要

大川　当会も、宇都宮でやれるかどうか、〝文明実験〟をしてみたのですが、二年たたずして、「これは駄目だ」ということが分かってしまいました。
　やはり、首都の条件の一つとしては、「情報」が大きいのです。そして、情報が入るには、人口が必要なんですよ。人口が少なければ、情報が入りません。さらに、物流と交通の中心地であることも、非常に大切です。

私も、宇都宮に少しいて、そのことを悟《さと》りました。

実は、当会でも、一時期、「宇都宮あたりに遷都してはどうだろう」と言っていたことがあるのです。まあ、先に土地を買っていたものですから、「値上がりするといいな」と思って、言っていたんですけどね（笑）。

しかし、宇都宮に住んでみたら、ちょっと厳しかった。下野《しもつけ》新聞と、もう一紙、地方の新聞を読んでいると、頭がボーッとし始めて、発信するものがだんだん鈍《にぶ》くなってきたのです。

私は、「これは危ない」と思いました。世界に向けて発信できなくなりつつあることを感じたため、「東京にいなければいけない」と思ったわけです。

やはり、一定の人口があって、偉《えら》い人の大部分は、東京に住んでいるでしょう？これは大きいですよね。

都庁を一番で合格するような人でも、幸福の科学で粗大《そだい》ゴミ扱《あつか》いにされて、動かせなくなったり……。まあ、冗談《じょうだん》です（笑）（会場笑）。そういうこともあるぐらい、東京は人材が豊富ですからね。

偉い人が本当に多いですよ。例えば、「東京には、首相より偉い人がたくさんいます」と、外国で言った覚えがありますが（笑）、実際、そうなのです（二〇一一年九月十五日のシンガポールでの英語説法「Happiness and Prosperity」）。一年で替わる首相よりも、ずっと偉い人がたくさんいるんですよ。「首相なんて、ばかばかしくて、やっていられません」と言うような人がたくさん住んでいます。

それから、悲しいですけど、首相より頭のいい人もたくさんいます。お金持ちもいますし、事業家もいます。いろいろな人がいますから、未来は、計画すれば、まだまだ開けます。

「断層の上に空中原発を建てる」というアイデアも

大川　たとえ、富士山の火山灰が降ったとしても、そのようなものは片付けたら終わりですよ。火山灰を流す機械を発明して、どこかに埋め立て地でもつくればいいと思います。火山灰が降ったら、羽田空港の拡張にでも使えばいいですよ。

黒川　（笑）そうですね。

大川　それはアイデア次第《しだい》ですから、全然恐《おそ》れる必要はありません。地震も、全然怖《こわ》くないです。断層が走っていても構いません。つくり直したらいいんですよ。それで終わりですからね。

原発についても、「断層の上にある」などと、ギャアギャア言っていますが、あまりにうるさく言うようなら、もう、原発を空中につくったらいい。土の上につくるからいけない。柱を立てて、空中に原発を建てたらいいんですよ。「狙うなら、そこを狙ってください」と言ってね。まあ、それでも、下にいる人は死んでしまいますかね（笑）。

日本は地震大国ですから、「何百年に一回」というものが起きた場合は、あきらめてもらうしかありません。そこでたくさん死んだら、ほかの所で出産を増やすように頑張《がんば》ってもらうしか方法がないでしょう。

もともと火山国なんですからね。そのおかげで、温泉が湧《わ》いて保養ができ、寿命《じゅみょう》を延ばしているんですから、差し引きゼロですよ。だから、しかたがありません。

黒川　そうですね。

司会　お話が……。

大川　雑談になって、すみませんね。

司会　たいへん失礼しました。

4　軍事とは「外交の担保」だ

尖閣《せんかく》諸島購入《こうにゅう》でも意外な「したたかさ」を見せた野田《のだ》首相

司会　首都・東京の持つパワー、それから、東京がまだまだ秘めている可能性などにもお話が広がりました。

さて、都庁といえば、石原《いしはら》都知事による購入《こうにゅう》計画で話題になった尖閣《せんかく》諸島の問題がありますが、本日（九月十一日）時点で、「尖閣諸島国有化」という報道が流れています。

大川　ああ！　うん、うん。

黒川　今日、閣議決定しました。

大川　この問題についても、何か言わないといけないかな？

石原さんも面白《おもしろ》いというか、アメリカで「尖閣購入」を打ち上げたりして、「いまだ健在なり」というようなところを見せましたね（二〇一二年四月、ワシントンで行われた講演のなかで同計画を発表）。

でも、その石原さんであっても、結局、国有化へもっていかれたところを見ると、「野田《のだ》さんは、けっこうしたたかだな」と思いました。息子《むすこ》さん（石原伸晃《のぶてる》氏）を〝人質《ひとじち》〟に取った上で、「今、息子を引っ捕《と》らえてあるから、あんたも言うことをきかないと、この首をひっかくぞ。次の総理になれるかもしれないのに、そんなことでいいのか」という感じでしょうか。

それにしても、野田さんもなかなかやりますね。これで、「やはり、国のほうが地方よりも上なのだ」というところを見せたので、次には、大阪《おおさか》の橋下《はしもと》市長も潰《つぶ》しに入るでしょう。けっこうしたたかですよ。八十歳《さい》の長老を押《お》さえ込《こ》んでいったのですから、おそらく、大阪に対しても戦略を練っているでしょうね。

黒川　はい。石原都知事は、尖閣購入のための寄付金を十四億円以上集めましたが、政府は、国の税金の力を使って、二十億五千万円で話をまとめました。

大川　もちろん、その話は、自民党幹事長である息子を抱《かか》え込んで、「次期総裁含《ふく》み」で懐柔《かいじゅう》して進めたのに違《ちが》いないでしょうね。

そういうわけで、私は、「石原都知事でも押し切れなかったか」という感じを受けました。

黒川　石原都知事も、「国に横取りされた」という思いを抱《いだ》いているでしょうね。

大川　ええ。「尖閣上陸不許可は理解できない。逮捕《たいほ》するなら結構だ」と、いちおう強がってはいましたよね。ただ、そうは言っても、国のほうは自衛隊を持っていますからね。私だったら、どうするかなあ……。

実は、「都知事が警視庁の武装警官を大勢連れて上陸し、それを自衛隊が迎《むか》え撃つようなことになれば、面白い劇になるのではないか」と思って、少し楽しみにしていたんですけどね（笑）。「日本人は逮捕できても、中国人は逮捕できない」などと言ったら、本当に〝お笑い〟なので、また〝攻撃《こうげき》〟しなければと思って待ち構えていたのですが、結局、上陸はやめたようです。

まあ、それはともかく、こうしたことを見ていると、「総理を一年も務めると、意外と力が付いてくるのだな」ということがよく分かりますね。

黒川　そうですね。

「毅然《きぜん》とした外交」を担保するためにも軍備は必要

黒川　ただ、われわれとしては、「尖閣諸島に構造物をつくるなり何なりして、実効支配を強化すべきだ」と考えているのですが、野田首相は、「尖閣諸島を国有化した上で、上陸をさせない。構造物もつくらない」と言っていますので、やはり、その裏で、中国と何らかの密約をしているように思われます。

大川　中国は、いまだに、「自分たちのものだ」と言っていますが、ついに、台湾《たいわん》の馬英九《ばえいきゅう》総統までが、遅《おく》ればせながら、「釣魚台《ちょうぎょだい》（尖閣）は台湾固有の領土だ」と言い始めました（笑）。言うだけは言っておかないと損ですからね。

黒川　そうですね。

大川　日本も、いざというときには応戦できる準備をしておかないと、堂々と意見を主張することができませんよ。

それは、もちろん、基本的には外交で行うべきことです。ただ、軍事というものは、それを行使したときに初めて力を発揮するものではなく、外交の担保でもあるのです。

その裏付けがきちっとあれば、いざというときに、「貴国が島に上陸し、実効支配する気ならば、わが国は排除《はいじょ》します」といった話し合いができるのですが、何も打つ手がなければ、外交での話し合いはできないんですよね。

黒川　はい。「毅然《きぜん》たる態度」の背後には、「武力」あるいは「自衛隊の力」が必要だと思います。もちろん、武力を使うわけではないのですが。

大川　〝朝日新聞的な考え〟では、意外と、そのあたりが短絡《たんらく》的なのですが、実際には、それほど単純なものではありません。

やはり、「『戦争とは外交の延長』であり、外交の裏には、『担保としての軍備』がある」ということを知らなければいけません。実際に、その軍備を使う率は低いのですが、いざというときに、それがなければ、相手国の好きなようにされてしまうわけです。

黒川　やはり、「言葉でどれだけ強く言っても、結局、何もできないだろう」ということでは、相手になめられてしまいます。

「数百隻《せき》の中国船による武力威嚇《いかく》」に対する備えはあるか

大川　心配なのは、「海上保安庁は、『中国の武装漁船が数隻《せき》来たら、それを巡視艇《じゅんしてい》で追い返す』という程度のシミュレーションしかできていないのではないか」ということです。「何百隻も来たときには、どうするか」というところまでは考えていないのではないでしょうか。

黒川　そう思います。

大川　「もし、中国が、『ロケット砲《ほう》なり、何なり、どんどん撃っても構わん』という命令を出していた場合には、どうする気だろうか」と心配しますね。

黒川　沖縄《おきなわ》の第十一管区海上保安本部には、二十一隻の船艇しかありません。

大川　「調査目的」や「日本の反応を見るため」だけであれば、数隻で来るでしょうが、本当に武力威嚇《いかく》をするのであれば、数百隻で来るでしょう。

黒川　はい。三百隻ぐらいは来ると思われます。

大川　あちらには、「筵《むしろ》を一枚剝《は》げば軍艦《ぐんかん》」というような、漁船のふりをしている軍艦が数多くありますからね。

何か事が起きたときに、「首相官邸《かんてい》に電話をつなぎ、一生懸命《いっしょうけんめい》に指示を仰《あお》いでいる間に、すべての船艇が沈《しず》められてしまった」ということになりかねません。

外交戦略の一部として〝ブラフ〟も必要

黒川　問題は、有事に自衛隊への出動命令を出せるかどうかです。

この前、立木《ついき》党首も、「ただちに、自衛隊を出動させる」というお話をされていました（『坂本龍馬《さかもとりょうま》　天下を斬《き》る！』〔幸福実現党刊〕参照）。

大川　もう、今の段階で決めておけばいいんですよ。あらかじめ、「領海侵犯《しんぱん》した不審船《ふしんせん》は、全部、沈めます」と発表しておけばよいのです（笑）。石原さんのような人が総理であれば言うかもしれませんが、そのくらいの〝乱暴さ〟が要《い》るのです。

黒川　そのとおりですね。

大川　外交のなかには、一部、ブラフ（はったり）も必要なので、少しぐらい乱暴でなければいけないんですよ。「何百隻来ようが、全部沈めます。一隻残らず沈めます」というぐらいのことを言っておけばよいのです。そうすれば、そうとうの覚悟《かくご》がないと来られませんからね。

また、航空自衛隊に対しても、「全部沈めて構わない」と、あらかじめ言っておくのです。大挙して来た場合には、侵略したものと見なすわけですね。

これは、北朝鮮《きたちょうせん》がよく使う手です。彼らは、普通《ふつう》の外交上の駆《か》け引きについても、すぐ、「交戦状態と見なす」と言っていますよね。したがって、言うだけ言っておいたらよいのです。

本当は、中国にとって、あんなちっぽけな島など、どうでもよいのです。あくまで、「交渉《こうしょう》材料」として使っているのであり、「実際に日本がどう対応するか」を試《ため》しているだけなんですね。このあたりのことで、日本があっさりと白旗を揚《あ》げ、あきらめるようであれば、「ほかの所も取れる」と見なされるでしょう。その見極《みきわ》めをしているだけだと思いますよ。

5 「大きなリスク」が見えない日本人

「オスプレイ反対」報道でマスコミ各社の政治色が見えた

大川　それにしても、竹島《たけしま》と尖閣《せんかく》のことがあれほど問題になっているにもかかわらず、この前の日曜日（九月九日）、沖縄《おきなわ》では、「オスプレイ配備」への反対集会をしたようですね。

黒川　はい。

大川　公称《こうしょう》「十万一千人」という発表がありましたが、沖縄の人々は本当に大丈夫《だいじょうぶ》ですか。

黒川　そうですね。幸福実現党からは、矢内《やない》さん（党出版局長）や「沖縄・九州防衛プロジェクト」のメンバーが現地へ行ったのですが、参加者の実数は二万人もいなかったそうです。

大川　実際はそんなものでしょう。

ただ、これに対する報道で、各マスコミの思想的色分けがはっきりと出ましたね。この集会は日曜日にありましたが、翌日の月曜日が新聞休刊日だったため、朝日・毎日・東京新聞の三紙は夕刊の一面で取り上げていました。

各紙とも、軒並《のきな》み、人が大勢いるところを上空から撮《と》った写真を掲載《けいさい》し、見出しには、「主催者側発表《しゅさいしゃ》」という部分には触《ふ》れずに、「十万人」と書いていました。東京新聞などは、「青い空 私たち県民のもの」というコピーまで付けていました。

一方、読売・日経新聞は、最後のほうのページにチョロッと小さく出していました。産経新聞は、夕刊がないため、事実上、無視したのと同じ状態になりました。

これらを見れば、だいたい、各紙の政治的な位置が分かりますね。

この手の抗議《こうぎ》集会等の場合には、「主催者側発表××人、警察側発表××人」と、両方の数字をはっきりと書くものなのですが、このときには主催者側発表しか書いてありませんでした。

また、テレビ朝日で報道していた首相官邸《かんてい》前デモのニュースなどを見ていても、主催者側発表と警察発表との差がありすぎるのか、「今日は、人数は言わないことにします」などと言っていたので、さすがに気が引けるほどの差だったのかもしれません。

オスプレイ事故よりも交通事故や熱中症《ねっちゅうしょう》の死者のほうが多い

大川　それにしても、「参加者十万人」にしたい主催者側の発表だけをそのまま載《の》せるのは、どうなのでしょうか。
沖縄の新聞は二紙とも左翼《さよく》でしょうが、竹島と尖閣で、あれだけの紛争《ふんそう》があったことの影響《えいきょう》を何も受けていないとしたら、本当に大丈夫なのでしょうかね。

黒川　そうですね。その新聞社では、「オスプレイ配備を断念するまで、毎日、一面で『オスプレイ反対キャンペーン』を出す」と言っています。

大川　実際に、オスプレイが落ちたときに死ぬのは、それに乗っているアメリカ兵ですが、彼らも死にたいわけではありませんのでね。アメリカは、人の命をそれほど粗末《そまつ》にする国ではありません。
例えば、「死にたいので自動車を買う」という人はいないでしょう？　日本の交通事故死者数は、年間一万人を切り、最近では数千人ですが、毎年、数千人が、死ぬために自動車を買うのであれば、「トヨタや日産は〝殺人工場〟だ」といった記事が新聞に載ってもよさそうなものですが、そういうものは載りませんよね。

黒川　ええ。

大川　結局、これは価値判断の問題なのです。

毎年数千人も交通事故で亡《な》くなるのですから、ものすごい数です。実を言うと、ベトナム戦争時の「アメリカ軍の年間死者数」と同じぐらいの数の人が、日本では自動車事故で亡くなっています。いわば、戦争並みなのです。

また、今年も猛暑《もうしょ》のため、病院に大勢運び込《こ》まれたり、亡くなったりしています。

黒川　そうですね。熱中症《ねっちゅうしょう》になった人が数多くいました。

大川　本当は、この熱中症にかかった人の数が、放射能汚染《おせん》で病院に運び込まれた人の数であれば、やんやの喝采《かっさい》だったでしょうね。そして、「一年間追及《ついきゅう》してきたかいがあった」などと言いたいところだったでしょう。

感情論で国民を煽動《せんどう》するマスコミに反省を求める

大川　何だか、私のほうが「グーグル」のようになってきました（笑）。

黒川　（笑）（会場笑）

大川　何か、うつってきたようですね。

黒川　ああ、すみません（笑）。

でも、日本人というのは、本当に、小さなリスクばかり見ていて、大きなリスクが見えてません。

今回のオスプレイ反対集会にしても、沖縄県庁や市役所など、全市町村がバックアップして、会場までの交通費を補助していたのですが、その名目が「沖縄県民の安全のため」と説明しているんですね（笑）。

本当に、沖縄県民の安全のためであれば、オスプレイを配備し、抑止力《よくしりょく》を強化すべきなのですが、そこが分からず、「墜落《ついらく》の危険性」など、小さなリスクのことばかり大きく取り上げています。

大川　ヘリコプターでは燃料補給ができないので、尖閣を防衛しようとすれば、途《と》中《ちゅう》で海に墜落する危険性が高いんですよね。

黒川　そうです。沖縄から尖閣諸島までは四百四十キロもありますので、ヘリコプターでは飛べません。

大川　そうそう、飛べません。

黒川　今、海兵隊が使っているヘリコプターの作戦行動半径は百五十キロ（航続距《きょ》離《り》は四百キロ）しかありません。

大川　これは非常に大きなことです。新しい機種を導入する理由には、専門的な観点もそうとう入っているのです。そうした専門的なものに対し、感情的な内容だけで火をつけ、大勢の人を動かして揺《ゆ》さぶるような、マスコミの〝直接民主制〟には疑問があります。

黒川　そうですね。

大川　これについては、マスコミに反省を求めたいところです。「難しいことを言っても、国民は分からない」というようなものを、すべて感情の話にすり替《か》え、動員をかけて衝《つ》き動かすようなことをしています。こういうものを仕《し》掛《か》けている人自身も、「非常に小さいところには目がいくけれども、マクロは見えない」という頭なのではないかと思いますが、いいかげんにしなければいけませんよね。

黒川　そうですね。原発問題なども、「必要か、必要ではないか」という議論ではなく、「好きか、嫌《きら》いか、あなたはどちらですか?」というような感情論を取り上げがちです。

大川　うん、そうそう。

「安定的な電力供給」が得られなければ日本経済は空洞化《くうどう》する

大川　三年前に民主党政権が誕生したときには、「中国との貿易が活発になるのではないか」という期待もあって、経団連をはじめとする経済界は民主党の応援《おうえん》をしていましたが、遅《おく》ればせながら、今では、「原発をすべて廃止《はいし》するなど、非現実すぎる」と、政府を批判しています。これは、素人《しろうと》でも分かることです。

デモなどをして原発に反対するのも結構ですが、そういう人には、倍になる電気料金を引き受けてくれる気があるのでしょうか。今後、「節電」がさらに進んでいくのは、たまったものではありません。

黒川　私も、関西の工場などを回り、経営者の方々に話を伺《うかが》っているのですが、「もし、これ以上の節電要請《ようせい》や電気代の値上がりがあるなら、やっていけない」「このままだと、もう、海外に行かざるをえない。原発の再稼働《かどう》は必要だ」といった声を聞いています。

大川　やはり、ものづくりは、安定的に電力の供給を得られなければ、かなり厳しいでしょう。

黒川　電気代が二倍になると、日本経済は完全に空洞《くうどう》化していくでしょうね。

6　世界をリードする「幸福実現党の戦略」

幸福の科学によって国家主席就任前に包囲網《ほういもう》を敷《し》かれた習近平《しゅうきんぺい》

大川　それから、中国の海洋戦略の影響《えいきょう》で、海のリスクが非常に高まってきているために、海外生産をしたとしても、それが日本に入らない危険性も出てきているんですよね。

黒川　はい。南シナ海が封鎖《ふうさ》されると、戦前と同じように、石油や食料、その他の物資が入ってこなくなる事態も想定されます。

大川　いやあ、十分怖《こわ》いですよ。

ただ、当会で映画「ファイナル・ジャッジメント」や「神秘の法」などを製作して、日本からの念力がそうとう飛び回っているからか、最近、習近平《しゅうきんぺい》氏が姿を隠《かく》しましたね（収録当時）。

黒川　そうですねえ（笑）（会場笑）。

大川　本日で、九日ほど動静が分からないようですが、かなり念波《ねんぱ》が行っているのかもしれません。

黒川　「ワシントンポスト」紙では、「共産党内部で権力抗争《こうそう》があったのではないか」などと取り沙汰《ざた》されています。

大川　そういえば、幸福の科学学園の「大鷲祭《おおわしさい》」（文化祭）でも、「習近子《しゅうちかこ》が支配している」などという劇を上演していましたよ（笑）。

習近平氏については、当会からだいぶ情報が出ていることもあり、まだ国家主席にもなっていないのに、就任前の早い段階から攻撃《こうげき》が始まっていますので、そうという心労が溜《た》まっているでしょう。普通《ふつう》は、就任して動き始めてから恨《うら》まれるものなんですけどね。

現職側は、「このままでは院政が敷《し》けなくなる」と警戒《けいかい》し始め、さまざまな画策をしているようですし、かなりの権力闘争《とうそう》が始まっていますね。

黒川　はい。そうですね。

大川　香港《ホンコン》のほうでは、民主化運動がかなり強くなりつつあるので、意外と目の付け所は早かったのではないかと思います（注。二〇一一年五月二十二日、香港にて、「The Fact and The Truth」〔「事実」と「真実」〕と題して英語講演を行い、「香港は中国のリーダーとなれ」と述べた）。

このように、就任前から包囲し始めているので、習近平氏にもそうとうプレッシャーがかかっているのではないでしょうか。

守護霊霊言《しゅごれいれいげん》の発表で中国の権力闘争《とうそう》にも混乱が生じている

黒川　また、ライバルの「李克強守護霊の霊言《りこくきょうしゅごれいのれいげん》」（『李克強　次期中国首相　本心インタビュー』〔幸福実現党刊〕参照）も出ましたので、微妙《びみょう》な権力闘争《とうそう》が……。

大川　そうそう。現職の胡錦濤《こきんとう》国家主席が、「レームダック（死に体）にならずに、院政を敷いてやろう」と頑張《がんば》っていますが、まだ権力闘争は続いているでしょう。

あそこは、急に、病気になったり死んだりする国ですから、怖いですね。どのようになるかは、全然、分かりません。

黒川　ええ、そうですね。

大川　「死人に口なし」ですからね。当会では、「習近平氏の過去世《かこぜ》は、チンギス・ハンだから怖い」と言っていますが、向こうにしてみれば、あまりイメージがよくないのかもしれません。

黒川　そういう感じがします。

大川　もしかしたら、「モンゴル人ではないか。それならば大変だ」などと言われているのでは？

黒川　ええ。モンゴル帝国《ていこく》へのトラウマがあるのではないでしょうか（笑）。

大川　ああ、トラウマですね。「あのときの周辺国はさんざんな目に遭《あ》った」などと言われているかもしれません。

黒川　そうですね。その意味では、内部の混乱が増してくれれば、日本としても少し時間を稼《かせ》げますので。

大川　この前、横井小楠《よこいしょうなん》の霊言を収録したときに、「もう一回、習近平の守護霊に訊《き》いてみればいいと思う」という話がありましたので、本人の生きていることが確認されたら、もう一回、頑張ってみてもよいかもしれません（注。「習近平守護霊の霊言」は、約二年前に一度収録し、さらに、本対談の一週間後〔九月十八日〕にも重ねて収録した。『世界皇帝をめざす男』『中国と習近平に未来はあるか』〔共に幸福実現党刊〕参照）。

幸福実現党は本格的な国際政党へ踏《ふ》み出した

大川　でも、アメリカによる中国包囲網《ほういもう》も、かなりできてきたので、あとは、次期政権が共和党になろうと、民主党になろうと、一定の警戒感は続くと思います。もし、共和党政権になれば、もう一段、強気に出なければいけないでしょう。

ある意味で、世界の戦略、アメリカの戦略まで含《ふく》めて、当会が引っ張っていっている面もあるんですよね。

黒川　はい。幸福実現党の役員にも、英米圏《けん》での実務経験豊富な及川幸久《おいかわゆきひさ》氏（党外務局長）が加わりましたので、ぜひ中国包囲網の形成を進めたいと思います。

大川　やっと英語の話せる人が入りましたか。それはよかった。これで国際政党になりますね。

黒川　そうですね、はい。

大川　饗庭《あえば》君（党広報本部長）の給料を半分にしておかないとな（笑）。

彼は、一年半のアメリカ・ニューヨーク研修のほとんどの期間、英語ではなく、〝日本語を磨《みが》いていた〟のでしょう（笑）（注。饗庭直道《じきどう》氏は、二〇一〇年九月、単身ニューヨークに乗り込《こ》み、人脈を築きながら、短期間で全米共和党顧問《こもん》〔アジア担当〕に就任した。前掲《ぜんけい》『「アエバる男」となりなさい』参照）。

でも、面白《おもしろ》いことは面白いですね。

7　矛盾《むじゅん》をはらむ「維新《いしん》の会」

橋下《はしもと》人気は、昔の「漫才《まんざい》ブーム」に似ている

大川　でも、「人間グーグル」ではないけれども、今、何だかんだ言って、情報がどんどん増え、氾濫《はんらん》しているんですよね。新聞、テレビ、インターネット、ケータイ、無料のパブリシティその他、もう、情報だらけです。

さらに、〝つぶやく声〟（ツイッター）を聞いて、返事をしている人もいるそうですが、みな、時間がよくあるものだなと思います。暇《ひま》な人が大勢いるんですね。

黒川　私も、時間を見つけては、ちょっと、まめにやっているのですが（笑）。

大川　ただ、「情報がそれだけ拡散傾向《けいこう》にある」ということは、逆に、何か一つ、信頼《しんらい》できるものがあれば、みな、それを当てにするようになるとも言えます。「ここの言うことを、だいたい聞いていれば、心配ない」というものがあるのは、時間節約、思考節約、試行錯誤《さくご》節約のためにも大事です。

その意味で、幸福の科学や幸福実現党等から発信されているものが、マスコミ等の源流になりつつあるような気はしますね。

黒川　はい。日本維新《いしん》の会の「維新八策」などを見ても、源流は、やはり、幸福実現党にあることが透《す》けて見えます。

大川　古臭《ふるくさ》いですよ。春から、マスコミは、あんな古臭いものを、今、発見したかのように大騒《おおさわ》ぎしているんでしょう？　あれは、三年かかって、ようやく、心の準備ができたんですよ。

黒川　しかも、維新の会は、三年前のうちと同じように、「全国三百小選挙区で候補者を立てる」と言っています。

大川　「次の衆院選で、三百五十人とか四百人とか擁立《ようりつ》する」と言っていますが、あれは、幸福実現党のまねをしているのでしょう。

黒川　そうですね。

大川　だけど、国会議員で、今、なびいているのは、まだ七人しかいません（収録当時）。意外に、惨敗《ざんぱい》する可能性もあると思いますよ。

幸福実現党は、大阪《おおさか》でも、かなり派手にやりましたし、私も街宣でがなっていましたので、もしかしたら、橋下《はしもと》さんは、それを聞いたかもしれません。そして、ものすごく大盛況《だいせいきょう》に見えたかもしれないし、「大宣伝を繰《く》り広げ、戦果をあげた」と見たのかもしれないですね。

今のところ、幸福の科学も幸福実現党も潰《つぶ》れていないので、世の中には、「彼らは赫々《かっかく》たる戦果をあげて、ＰＲにこれ努め、宗教界のナンバーワンであることを誇《こ》示《じ》した」と見ている人もいると思うんですよ。「本当は、選挙が狙《ねら》いではなく、宣伝が狙いだったのではないか」と思っている人が大勢いて、「三年前の衆院選は大成功でしたね」と言ってくる人が、いまだにいるわけです。

確かに、そのように見えたのかもしれませんね。

黒川　そう思います。維新の会に集まった七人の国会議員を見ると、本当に寄せ集めです。

大川　そうですね。

黒川　橋下さんは「七人の意見が一致《いっち》した」と言っていますが、例えば、民主党から来た松野頼久《まつのよりひさ》さんはＴＰＰ（環《かん》太平洋経済連携《れんけい》協定）反対の筆頭格です。維新の会は、ＴＰＰ推進のはずです。

また、そのまんま東《ひがし》さん（東国原英夫《ひがしこくばるひでお》　前宮崎《みやざき》県知事）の場合、大阪都構想と、どうかかわりがあるのか、よく分かりません（笑）。

大川　うちの手法をまねしているのでしょうが、結局、風だけが頼《たよ》りなんだろうと思います。

ただ、何でしょうか。今日の某《ぼう》新聞を見ていると、「橋下人気は、昔の漫才《まんざい》ブームに似ている。漫才が東京で流行《はや》ったところ、『東京で流行っとるでえ』『漫才は東京に通じるんや』ということで、大阪でも漫才が盛り上がった。あの乗りだ」というような記事が載《の》っていましたが、確かに、そういう感じがします。

黒川　大阪では、かつて横山《よこやま》ノックさん（漫才師で元大阪府知事）も大人気でしたが、その乗りです。

大川　そうそう。

市長でありながら国政を牛耳《ぎゅうじ》ろうとするのは、おかしな話

大川　朝日新聞も、社説に少し書いていましたが、「大阪市長として大阪都構想を実現しなければいけない責任がありながら、かつ、市長に当選したばかりなのに、市長を辞《や》めて国政選挙に立候補し、国政を牛耳《ぎゅうじ》る」などということがあってよいのでしょうか。市長は、それほど暇な仕事なのでしょうか。

橋下さんにとっては、ここが、最後に踏《ふ》み絵を迫《せま》られるところで、けっこうウィ

ークポイントなんですよ。

やはり、大阪市長になったばかりで辞めて国政に出たら、ギルティ（罪）です。

一方、国会議員にならず、大阪市長のままで国政を牛耳ろうとするのも、おかしな話です。これができるのなら、都知事の石原《いしはら》さんが国政を牛耳ってしまいますよ。

結局、橋下さんがジレンマを抱《かか》えているのは明らかですが、それにもかかわらず、週刊誌とかは持ち上げています。

これは、悪巧《わるだく》みをされている可能性がありますね。マスコミは、「カチカチ山のタヌキのように、燃やすだけ燃やして、あとで池に沈《しず》めてやろうか」と思っているのかどうか知りませんけど、どう見ても、最初から、「あんなのは、できるはずがない」と分かるのに、盛り上がっています。あの盛り上がり方はおかしい。

黒川　日本維新の会は、党首が大阪市長で、幹事長が大阪府知事です。そして、政調会長は、浅田《あさだ》さんという大阪府議会の議長なのです（笑）。党三役が大阪にいながら、国政に出ようというわけです。

大川　無茶苦茶ですね。

それは、「首都を大阪に移して、大阪で国政をやる」という考えなので、去年公開された映画「プリンセス トヨトミ」の見すぎでしょう。「橋下さんは、実は豊臣《とよとみ》家の秘密の子孫だった」という系図でも出てきたら、さらに正統性が増して、大阪府民は喜ぶでしょうね。まあ、そこまでやったら、ギャグも最高潮まで行くんですけどね。

あの映画の設定は、「大阪城の地下には、豊臣時代から大阪国があり、そこに集まって、いろいろとやっている」というものでしたが、まさに、あの乗りです。

彼は、「行列のできる法律相談所」というテレビ番組に出ていたときから、漫才風にギャグをよく言っていたので、アイデアや思いつきに、すぐにパクッと食いつくような人だと思うんですよ。

黒川　そうですね。国民がどこで反応するのかは分かるのだと思います。ただ、政権運営となると、どうでしょうか。橋下さんは、「国政に出たら、スピーディーなトップダウン型の判断をしていく」と言っていますが、「国会議員でない人が判断する〝院政〟が、統治機構上、許されるのか」という問題があります。

大川　（苦笑）それは〝面白《おもしろ》い〟ですね。

大阪人には、東京に対するルサンチマン（怨恨《えんこん》）のようなものがあるのかもしれませんし、「大阪から東京を支配したい」という気持ちを持っている人もいるので、「それを晴らす」という意味では、共感を得るかもしれませんが、全国的には共感を得られないでしょう。

「関ヶ原《せきがはら》を、もう一回」という感じでしょうか。「もう一回、戦って、今回は関西《かんさい》方《がた》が勝ってみたい」というところでしょうかね。

でも、全体的には、やはり、一冊のマンガのようになっています。完璧《かんぺき》にそうなっているので、最後は、どんな終わり方をするか、見ものですね。

橋下《はしもと》市長の知力は、マスコミに読まれている

黒川　昨日（九月十日）、夕刊フジの見出しに、でかでかと「〝橋下《はしもと》新党〟公開討論会の真相…三文芝居《さんもんしばい》の舞台《ぶたい》ウラ」と出ていました（笑）。

大川　あ、そう。「立木《ついき》党首語る」ではなかった？　残念だなあ。トップではなかったですか。

黒川　ええ。ただ、マスコミにも、「旅芸人」としての見方が広がっています（注。以前、橋下徹《とおる》氏の守護霊霊言《しゅごれいれいげん》を収録した際、「江戸《えど》時代の旅芸人」が本性《ほんしょう》であるこ

とが窺《うかが》われた。『徹底霊査《てっていれいさ》 橋下徹は宰相《さいしょう》の器《うつわ》か』〔幸福実現党刊〕参照）。

大川　彼は、テレビの出演者に採用されるだけあって、さすがに言論術に長《た》けています。それは事実です。

確か、行列のできる法律相談所のときは、「茶髪《ちゃぱつ》の風雲児《ふううんじ》」とか、「オートバイに乗って走る珍《めずら》しい弁護士」とかいう感じで出ていましたけれども、型破りというか、反骨精神があるところが、見ていて面白いのでしょう。あと面白いのは、口が立って、ギャグにも十分に乗ってくるところでしょうか。

その意味では、横山ノックや東国原氏の流れと近いものがありますね。

黒川　似ています。大阪の方と話をしていると、「橋下さんが大阪府知事時代に何をしたかはよく分からないけれども、面白そうなので支持している」という声をけっこう聞きます。そういった人気なのです。

大川　知事のときには、人件費を削《けず》っただけですね。

彼は、ヒトラー張りの強権を見せることで、みんながマゾッ気《け》を出し、「きゃあ、かっこいい！」という感じになるのを意外に狙っているのかと思いますが、本当の意味の実権を持とうとしたら、マスコミは撃《う》ち落としに来るでしょう。

「マスコミが持ち上げる」というのは、いちおう、「知力が読める」ということなのだろうと思うんですよ。マスコミは、「自分たちより賢《かしこ》い」と見たら、持ち上げません。「バカだ」と見たら持ち上げ始めるのが、マスコミの習性なのです。

マスコミは、相手の知力が見えて、「こうするだろう」というのが読めたら持ち上げますが、読めないタイプの人の場合、怖《こわ》いので、持ち上げません。

まあ、「橋下さんは、マスコミに、だいたい読まれている」ということなのでしょう。

国家経営を任せるに足る〝重石《おもし》〟が感じられない橋下氏《はしもと》

黒川　大阪を回って、経営者など、教養の高い方とお会いすると、みな、「橋下氏《はしもと》はうさんくさい」という趣旨《しゅし》のことを言われます。明確な言葉にはできないのですが、みなさん、うさんくささは感じていらっしゃるようです。本当に知力のある方は、橋下氏の本質が分かっているのです。

大川　まあ、アメリカでも、四年前に、似たようなことを、大きな規模でやったのかもしれませんけどね。

オバマさんは、弁護士として、シカゴの貧民窟《ひんみんくつ》の人たちを救う仕事をしていましたが、私は、「そういう人には、国家経営は無理ではないか」と思っていました。実際、オバマさんが貧民窟での救済を国家レベルでやろうとしたため、アメリカは潰れかかっています。

それと同じようなことが、日本でも起きないとはかぎりませんよ。大阪の弁護士が、大阪の〝中小企業《きぎょう》経営〟をできるかどうか、一回、見てみたいところですね。

黒川　ましてや、国家を経営できるのかは疑問です。

橋下氏は、国防や安全保障についても、しっかりとした芯《しん》を持っていません。例えば、憲法九条の改正の是非《ぜひ》についても、維新八策には、「国民投票に委《ゆだ》ねる」としか書かれていませんし、国防強化も明確には打ち出されていません。

外交についても、韓国《かんこく》やオーストラリアとの関係強化は打ち出されていますが、「対中国包囲網《ほういもう》」までは考えていません。

大川　ああいう人は、一日で、自分の考えを変えますからね。「自分には責任がない」と思っているのでしょう。

黒川　大飯《おおい》原発の再稼動《かどう》についても、そうでした。

大川　コロッと変えるので、そんなに重く感じていないのだと思います。しかし、地位が上がると言論は重くなってくるので、彼は、どこまで耐《た》えられるでしょうか。それは、「彼が、どの程度まで仕込《しこ》んでいるか」ということと関係があるでしょうね。

その意味で、「たまたま人気が出てきたので、国政を狙う」という彼の考えは、やはり甘《あま》いと思います。

大阪で評判になったとはいえ、「橋下氏が総理大臣になる」というのは、現実には、そのまんま東やビートたけしが総理大臣になるのと、わりに近いことだろうと思うんですよ。

今の日本の国民性だと、マスコミが煽《あお》って本当に直接投票をしたら、ああいう人でも総理大臣になりかねません。そういう雰囲気《ふんいき》がありますから、確かに、怖いですね。

「新潮」なども、以前、ビートたけしが連載《れんさい》していたころ、彼のことを、日本一の知識人のように書いていました。私は、「もし本当にそう思っているのなら、これは危ないな」と思いましたけどね。

黒川　私は、橋下氏の守護霊と対話をさせていただきましたが（前掲《ぜんけい》『徹底霊査橋下徹は宰相の器か』参照）、彼の守護霊は、本当に中身がないポピュリストでした。哲学《てつがく》や信念、あるいは、「国をどうしたいか」という国家観を持っておらず、非常に浅薄《せんぱく》だったと思います。

大川　早稲田《わせだ》大学を卒業したと言っても、本当は、学校に行っていないのでしょう。

アルバイトばかりしていたに違《ちが》いありません。そのくらい、すぐ分かります。彼は、付け焼き刃《ば》的にやって、要領で生き延びるタイプですね。

黒川　反射神経で生きている感じがします。

大川　ええ。彼からは、長い時間をかけて、何か、〝重いもの〟と取り組んだような感じが見えないのです。その意味での重石《おもし》が感じられませんね。非常に浅い知識でやっているように見えてしかたがないのです。

「人の知識を借用してやれば、何とかなる」と思っているのでしょうが、国家になると、〝重い〟のです。やはり、いろいろなことを知らないといけないのでね。

黒川　例えば、橋下氏は、「トップダウン型の国家経営」を主張していますが、道州制にした場合、それができるでしょうか。本当に矛盾《むじゅん》しています。

大川　道州制は、視野が狭《せま》くなっていく方向ですからね。

8 「ゆとり教育」の弊害《へいがい》を取り除くには

いじめ問題等の克服《こくふく》には、人間を超《こ》えた世界への尊敬の念が必要

司会　さて、日本《にっぽん》の力強い未来をつくるために、幸福実現党も頑張《がんば》っておりますが、未来をつくる一つの材料として、教育というものがあると思います。

大川　教育については、しばらく、発信し損《そこ》ねているんですよ。この夏、明治維新《いしん》シリーズの霊言《れいげん》を収録しましたが、明治維新で教育というと、松下村塾《しょうかそんじゅく》ぐらいしかないので、教育の話はあまり出てこなかったのです。

もっと教育をやらなければいけません。うちは、わりあい長く取り組んでいるほうではあるんですけどね。

黒川　教育については、最近、大津《おおつ》のいじめ事件がかなり大きな問題になりました。文科省は、この事件を受けて、「いじめ問題解決の専門家組織を、全国二百カ所につくる」という方針を発表しています。

幸福の科学グループも、五年前から、「いじまも」（NPO「いじめから子供を守ろう！ ネットワーク」）を支援《しえん》するなど、この問題に取り組んできましたが、今、ようやく、世間が追いついてきたと感じています。

大川　「いじまも」の代表は、専門家として、テレビに出たりして、意見を聞かれるようになってきましたね。

黒川　はい。NHKなど、いろいろと出ています。

大川　あと、うちは学校経営まで行《おこな》って、〝実験〟をしていますが、学校も社会の縮図なのでね。

例えば、「人間関係の難しさ」「階層性」「能力の差」「外見《がいけん》の格好よさ」「もてる、もてない」など、実社会で起きることがコンパクトなかたちで出てくるので、うちが学校をつくったからといって、すぐに、理想社会というか、出来上がったユートピアができるわけではないんですけどね。

ただ、一つ言えることは、「この世では、矛盾《むじゅん》するものや解決できないものが残るけれども、それらを超《こ》えるには、やはり、もう一段、人間社会のゴタゴタしたものを超えた世界への尊敬の念というか、帰依《きえ》なり信仰《しんこう》なりが必要である」ということです。この世だけの視点では、「どうしても言い分が収まらない」ということがあるわけです。

学校と塾《じゅく》の両方に通い、負担が重くなっている子供たち

大川　それから、もう一つは、学校が、朝から午後のいい時間まで、つまり一日のメインの時間を押《お》さえているわけですが、その教育の中身が悪い。
政府は、中身が悪いから、授業料をタダにしようとしているのかもしれないし、それは、優《やさ》しい政治なのかもしれないけれども、タダにしなければいけないぐらいだったら、もう、やめてもいいかもしれませんね。

黒川　そうですね。公教育は、質において民間の塾《じゅく》と競争すべきです。

大川　うちは、「塾の要《い》らない学校を目指せ」と言っていますが、塾を潰《つぶ》す気は決してありません。

一方、塾が全部をカバーできないことも分かっています。生徒会やクラブ活動、文化祭なども、確かに、人間の成長にとって、ものすごく大事なものです。

ただ、今は、「学校は、そちらのほうに力を入れて、勉強のほうは塾に投げている」という状態になっていて、子供は疲《つか》れています。

つまり、体の発育期に、サラリーマンの疲れのようなものがくることが、やはり、ストレスを生んでいます。それは確かですね。

だから、この部分の負担を軽くしてあげないといけません。

黒川　そのためにも、学校の教師をしっかりと評価する仕組みをつくり、教育の中身をよくすることが必要です。

大川　ただ、中身をよくしようとすると、逃《に》げてしまい、外側の仕組みやシステムばかりに目が行くわけです。

例えば、「とにかく中高一貫《いっかん》校にすればいいんだ」と言って、学校の統廃合《とうはいごう》をし、校舎を建て直したりすることにお金を使い、教育の中身については問わないんですよね。

学校別の成績を公表するなど、公立学校も競争すべきだ

黒川　そうですね。幸福実現党では、例えば、学力テストについて、「市町村別、学校別の成績を公表せよ」と訴《うった》えています。それを公表すれば、学校や教師について評価できるようになるわけです。

ところが、今は、それを完全に拒否《きょひ》されています。親の側から見ると、学校や教師を正確に評価できない世界になっているのです。

大川　学校は、憲法学の言葉を使って言うと、一つの〝特別権力関係〟であって、

外から入れない聖域ではあるのです。

ただ、お父さんやお母さんは、実社会で、能力評価や成果評価などを受けているので、「学校は、あまりにも効率が悪い」というのが見えてしまいますよね。

今だと、子供を塾や私立校に通わせるとしたら、年百万円とか二百万円とか、使わなければいけません。それで、子供が何人もいたら、本当に大変ですよね。

少子化の始まりは、そのへんと関係があると思います。

黒川　公立学校の場合は、生徒一人当たり、年間約百万円の税金がかかっています。だからこそ、それに見合った成果が出ているか、しっかりと見て、教師の給与体系を成果連動型にしなければいけないと思います。

大川　国公立の学校は、卒業生の進路をなかなか公表しないんですよね。

しかし、私たちが子供のころは、そうではありませんでした。あのころは、公立・国立系のほうがよかったので、実績がきちんと分かったのですが、私立が実績を伸《の》ばし始めてからは、公立が言わなくなってき始めた。

今は、実績について何も言いませんが、昔は、それが普通《ふつう》ではなかったんですよ。国公立のほうがよかったので、「うちの学校から、何名、日比谷《ひびや》高校に受かりました」とか、けっこう言っていたんですけどね。受からないから、言わなくなったのかもしれません。

黒川　今は、公立学校には競争がない状態ですが、そういう競争のない世界は、やはり腐敗《ふはい》していくと思います。

「ゆとり教育」をいち早く批判した幸福の科学

大川　一九九〇年代後半に、ゆとり教育の議論が始まったとき、当会が反対に入ったのは、かなり早かったと思います。

黒川　真っ先に、雑誌「ザ・リバティ」（幸福の科学出版刊／一九九六年一月号）がゆとり教育批判を開始しました。

大川　いちばん早かったのではないでしょうか。

世間は、「ゆとり教育の導入によって、いじめがなくなる」と言っていましたが、うちは「そんなことはない」と言ったわけです。

黒川　当時、学校側も、「これは個性を大事にする教育だ」と言って、ゆとり教育を歓迎《かんげい》していました。

大川　もう、伸び伸びしてね。

当時、文部省（現文部科学省）の寺脇研《てらわきけん》氏は、「みんなが百点を取れるようになったら、いじめはなくなる」と言っていましたが、そんなことはありません。私は、最初から、そのことを宗教的に知っていました。

例えば、生長《せいちょう》の家《いえ》の『生命の実相』には、「人間は神の子だから、小学校の算数のテストでも、みんな百点を取れる」というようなことが書かれていましたが、これは、私の言っている意味とは少し違《ちが》います。「神の子だから」は構わないのですが、「そのままで百点が取れる」となると、勉強は要らなくなってしまいます。神の子というのは、そうではなく、「努力したら能力を伸ばせる。そういう可能性はある」という意味なのです。

ところが、寺脇氏は、「みんな百点にすればいい。要するに、易しくすればいい」ということで、ゆとり教育を推進し、例えば、「中学校では、必須《ひっす》英単語としては百語ぐらいを教えればいい」とか、すごいレベルになっていきましたし、「塾に行きたい人は、勝手に行けばいい」という感じになっていったのです。

彼は、「下のレベルに合わせれば、いじめがなくなる」と見ていたわけですが、実際には、そうなりませんでした。

私が聞いた話では、塾での成績を学校で見せ合い、「塾でのクラスが上がった」とか「下がった」とかと言って、学校でいじめることもあるようです。あるいは、塾ですでに勉強しているため、授業中、教室の後ろでキャッチボールをして遊び、教師が、それを放置していることもあるそうです。

まあ、ひどい状況《じょうきょう》ですね。ただ、昔も、そういう状況はあったのかもしれません。

私も、「人間グーグル」のように変な話題がたくさん出てくるのですが（笑）、この前、「愛と誠《まこと》」という映画を見てきました。

これは、昔、私たちの高校時代に流行《はや》ったマンガが、リバイバルされて映画化されたものです。アニメではなく実写で、今、人気のある武井《たけい》咲《えみ》さんが主人公の「愛《あい》」役をやっています。

（黒川に）マイナーな映画だから、見ていないでしょう。まじめな人は忙しくて見ていないと思いますが、総裁には、ときどき、取材を兼《か》ねて、変な映画も見に行く〝癖《くせ》〟があるのです。

そのころ（一九七〇年代）も、公立校は荒《あ》れていて、学校のなかには、不良やスケバンだらけで、男子生徒が殴《なぐ》り合いをするようなところもありました。当時は、家庭環境《かんきょう》が悪くて、荒れる子供が多かったんですけどもね。

その後、社会全体がだんだん豊かになり、みな、進学できるようになってきたわけですが、鳩山《はとやま》さんが「高校無償《むしょう》化」をパーンと打ち出したあたりから、私は、「何かが違う」という気がしてならないのです。これは何でしょうね。

生徒から尊敬されるような「学徳ある教師」を目指せ

黒川　確かに、鳩山さんが総理になってから、学力テストは、全校で実施《じっし》せず、抽《ちゅう》出《しゅつ》方式になりました。「教師が楽をできる」という、いわば、教師にとっての「ゆとり教育」です（笑）。

大川　私の長女は、大学に入ったとき、「教員免許《めんきょ》を取っても、十年ごとの更新《こうしん》になるから、大変ですよ」と言われたため、「取らないほうがいいかな?」と思って教職課程をとるのをやめたのですが、途中《とちゅう》で免許更新制度廃止《はいし》が打ち出され、「え?」という感じになったりして、けっこう翻弄《ほんろう》されたようです。

黒川　民主党の組織のバックには日教組《にっきょうそ》がいますので……。

大川　とにかく、親玉のほうが、サボりを合理化することを中心に考えているのであれば、子供は、勉強が好きにはなりませんよ。基本的に、そうですよね。

黒川　ええ。いじめ問題も、教師としての責任感の欠如《けつじょ》が、原因の一つではないかと思います。

大川　先生の言うことをきかないのでしょうが、それと、「先生を尊敬しているかどうか」ということも大きいですよね。生徒が先生を尊敬していたら、先生の言葉で十分にクラスを治めることができるのです。尊敬していなかったら、荒れる学校になりますよ。

黒川　学生は、大学で十分な教師教育を受けていないにもかかわらず、卒業したら、すぐ、教室で〝一国一城の主《あるじ》〟になっています。こうした、今の仕組みも問題だと思います。

大川　そうそう。

それに比べると、明治維新前の、いろいろな塾などを見ると、今より、きついですよ。激甚《げきじん》な競争というか、ついていけないと放り出されていくような感じですね。そうとう厳しいです。睡眠《すいみん》時間を削《けず》って勉強し、精神力と知力の両方を鍛《きた》えなければいけない。

それから見ると、まだまだ甘《あま》いのではないでしょうか。

でも、確かに、あのころの人物には「学徳」がありますよね。寝食《しんしょく》を惜《お》しんで勉強した人が、その後、実際に世の中の役に立っていっています。これは、うらやましいですね。大した学歴ではなく私塾出身なのに、そうなっていったのは、先生がよかったからですよ。

要するに、熱意のある、勉強の好きな先生がいれば、生徒にグングンやる気が出て、国家的人材が育っていくわけです。

システムが完備すると、逆に、熱意のようなものがなくなっていくところがありますね。

黒川　その意味では、私塾の精神の復活が必要だと思います。

9　今、必要なのは「実学」と「宗教教育」

日本の大学は「実社会の役に立たない人間」を量産している

大川　あなたは二十年前に早稲田《わせだ》の政経から東京都庁に一番で受かったのでしょうが、まことに言いにくいことではあるんだけど、最近、有名大学卒の勉強のできる人たちを採用しても、仕事がうまくできないことが多いんですよ。

早稲田も同じかどうか、私は、よく知らないんですけどね。当会では、早稲田の出身者は、どちらかといえば、よく仕事ができるほうですから。

ところが、特に、東京大学の卒業生の場合、実に無様《ぶざま》な生き方をしており、卒業後、仕事がうまくできないんですね。

日本の大学では、仕事に役立つような学問を教えない傾向《けいこう》が長らく続いており、

「アカデミズムとは、役に立たないことなのだ」という理解をするわけです。

だから、英語の先生は、実用英語を教えるのではなく、シェークスピアを教えて、楽しんでいます。要するに、自分の専攻《せんこう》がそれだから、それを教えているだけなのです。実用英語を教えようとしたら、先生のほうが勉強しなくてはいけなくなり、面倒《めんどう》なわけですよ。それよりは、昔、自分が卒論で書いたようなことを教えたほうが、手っ取り早いですからね。

そのため、そういう大学の卒業生たちは、会社に入ってから、英語を勉強し直さなくてはいけなくなります。それで、私立大学で実用英語を教えているところのほうが、就職で有利な立場に立ったりするわけです。

そういう大学の先生たちは、仕事の仕方やコネの使い方、人脈のつくり方のたぐいを、一切《いっさい》、教えてくれません。卒業生たちが、みな、個人主義で生きる研究者にでもなればいいのでしょうが、そんなわけにもいかないため、ものすごく不器用で、生きるのが非常に下手な人が多いんですね。

彼らは、マニュアルがガッチリと固まっており、仕事の体系があるような職場では、それをマスターし、いい仕事をするようになります。そういうことはわりに得意なんですが、何もマニュアルがない世界に放り込《こ》まれたとたんに、仕事ができなくなるのです。

それは、例えば、太平洋の真ん中で、ボートから投げ出されたようなものです。彼らは、「どちらに向かって泳いでいけばよいのでしょうか」と訊《き》くわけですが、訊かれたほうは、「あなたの本能のままに、『助かる』と思う方向に向かって泳いでいきなさい」と言わざるをえないんですね。

「マニュアルが……」と言っても、「ここは北緯《ほくい》何度だから」とか、「水温が幾《いく》らだから、どこに行け」とか、そんなマニュアルなど、世の中にはないわけです。実生活においては、そのなかで、たくましく生き延びていかなくてはなりません。

そのため、そういう大学の卒業生たちは、社会人としてのスタートラインで、そうとう「へま」をすることがあります。

さらに、大学院で勉強した人は、もっと使えなくなるんですよね。高学歴になるほど、「使えない」という状態になります。

これは、「日本の大学は、役に立たない人間を量産している」ということです。これも日本の国際競争力を落としているので、考え方を変えないといけませんね。

「勉強したら、バカになる」では困る

大川　そもそも、日本の大学には、役に立たない先生が大勢いるから困るのです。

私は大学時代に「商法」のたぐいも勉強しましたが、「手形・小切手法」を教えていた先生は、「私は手形も小切手も見たことがない」と言っていました。これは、いくら何でも、ひどいですね。さすがにひどいことは私にも分かりました。

何十年も、少なくとも二十年ぐらいは教えているのに、「手形も小切手も見たことはないのですが」と言っていたので、「先生、それは、たまたま、見たことがな

いのではなく、勉強する気がないのではないですか」と言いたくなりますよ。その気になれば、幾らでも見ることはできると思うんですけどね。

実物を見たことのない人が、手形・小切手の理論を教えているんですから、「これはすごいな」と思いました。

こういう考え方は変えなくてはいけません。

また、東京大学出版会は、「うちは、ベストセラーは出さない方針です。世間《せけん》にはベストセラーを評価する風潮がありますけど、うちは、『三千部以上売れる本は良書ではない』と考えており、一万部以上売れる本を出してはいけないことになっています」と言っています。「アホか」と言いたくなりますね（会場笑）。

通常、三千部は、収支が〝とんとん〟のラインです。本が実際に売れないから、そういう言い訳をしたくなるのは分かりますが、こういう大学の卒業生が、社会に出て、利益追求の株式会社に入ったら、大変なことになりますよ。

これでは、教わっている人がかわいそうです。卒業生が、いったん、〝実学養成所〟に通《かよ》ってから、就職しなくてはいけないぐらいです。

昔は、「学徳があれば、世間有為《ゆうい》の人材になれる」と言われていましたし、それは、世間から見て、ノーマルで尊敬できる人材をつくるためには、よい考え方でした。

しかし、「勉強したら、バカになる」ということでは困りますし、バカをつくるために、「金を注ぎ込む」と言われたら、もっと困ります。

「未来産業のつくり方」から遡《さかのぼ》って教育論を構築せよ

大川　最近、私には、「東京大学の卒業生は大勢いますが、大川総裁とは出来が違《ちが》います」という、周りの人たちのお世辞が真実に聞こえるんですよ。

この言葉には、〝ゴマすり〟が半分は入っているのだろうとは思うんですが、東大の卒業生たちは、かっちりしたマニュアルがないかぎり、仕事ができないことが多い。だから、評価が低いんですよ。

私は、マニュアルなどは好きではなく、新しいものを自分でつくるのが好きなタイプなんですが、こういう〝遺伝子〟を持った人は、東大生では珍《めずら》しくて、あまりいないんですね。

これで、私が、いかに東大の先生の学説を信じていなかったかが、よく分かると思います。それは、「テストでは、それを使って答案を書いていたけど、全然、信じていなかった」ということを意味していると思うのです。

ただ、そういう人は少なくて、「先生の学説に忠実に書けば、よい成績が取れる。点数で奴隷《どれい》化され、そのあと、いろいろと行き先が決まる」というようなことが長らく続いていました。

ところが、それは、もう、一九九〇年ぐらいを境にして崩壊《ほうかい》しているんですね。そうしたエスカレーター型で上がっていける人生は、この二十年間、崩壊しているため、迷いが起きているのだと思います。

今、日本が「リーダー不在」になっている理由は、実は、「何をもって能力を測ればよいか」が分からなくなっていることです。オールドな〝遺伝子〟を持っている人たちには、新興企業《きぎょう》のようなものが、みな、いかがわしく見えます。それは、「能力の有無が分からず、将来性が評価できない」ということでしょう。

今の日本は、このへんで苦しんでいるのだと思います。

おそらく、教育の面で、「将来性のある人間を、どのようにしてつくっていくか」ということを考え、一本、筋を通さないといけないでしょう。

これは、別の言葉で言えば、「未来産業のつくり方」を考えることですよ。そして、教育論を、「未来産業のつくり方」から遡《さかのぼ》って構築することが大事です。それができれば、子供に対して、無駄《むだ》な投資にならない教育ができます。

黒川　先日、幸福の科学大学（二〇一五年開学予定）の職員のみなさまとお話をさせていただきましたが、「『未来産業をつくる』という観点から、今、大学で何を教えるべきか」ということについて、お話しくださいました。

今の大学教育には、そういう視点というか、「未来産業を支えていく人や愛国心のある人を育てる」という使命感が欠けているのではないかと思います。

社会人経験のある人を教員に登用せよ

大川　最初に少し話をしましたけども、頭がよくなるにつれ、試験で一点や二点を落とさないよう、あまりにも細部にこだわりすぎる傾向に陥《おちい》る人が多いのですが、そうなると、「幹」のところが押《お》さえられなくなるのです。

また、要点を押さえる教育は、けっこう大雑把《おおざっぱ》なので、学校の先生は、意外に、それをやりたがらないんですよ。それをやると、生徒が試験の勉強で手抜《てぬ》きをする可能性があるからです。

でも、経営者たちは、みな、要点を押さえるやり方を知っています。

経営者たちは、山積みになっている問題の全部を平等には処理できないので、「このなかで何を処理するか」ということを考え、「何を捨て、何を選ぶか」ということに、繰《く》り返し、取り組みます。そして、「失敗した」と思ったら、その時点で、それを切り、次の問題に取りかかるのです。こういうことを、経営者たちは、日夜、やっているんですよ。

しかし、これは、勉強の世界では、そう簡単には行われていないのです。

これを学校の先生たちは教え切れていないのですが、大学の教職課程で学んだだけの先生では、これを教えるのは無理なのかもしれません。だから、ある意味では、「一定の社会人経験のある人に教員免許《めんきょ》を与《あた》える」という仕組みを、もう少し取り入れてもいいのではないかと思うんですよね。

黒川　そうですね。教えるのに、必ずしも、教員免許の取得を条件にしなくてもよいと思います。

大川　そうそう。だいたい、教職課程を取るのは、通常、教育学部系統が大部分じゃないですか。これは、おかしいですよね。

黒川　そうですね。

大川　こう言ってはなんですが、法学部や経済学部、政経（政治経済学部）を出た人たちは、教育学部の人たちより学力が低かったわけでは決してありませんからね。

そういう人たちが実社会で活躍《かつやく》し、バックグラウンドを付けて、そのあと、教員になってもいいのではないでしょうか。教員になるには少し勉強が要《い》るとは思いますけど、彼らに教員をやらせると、やはり、一定の成果をあげると思いますし、生徒の信頼《しんらい》も大きいでしょうね。

若い人にとっては「教師の失敗談」も勉強になる

大川　幸福の科学学園でも、「実際に塾《じゅく》や予備校で教えた経験のある先生に対しては、生徒の信頼が大きい」という傾向が、はっきりと出ているんですよ。「あの先生に教わると成績が上がる」とか、「あの先生の言うとおりにすると、学力が上がってくる」とかいうことを、身に沁《し》みて感じるらしいのです。

だから、実社会での競争において、ある程度、厳しい評価を受けるのは、大事なことではあるんですね。

黒川　そうですね。実社会を経験した方、例えば商社を退職した方が英語の教師になるとか……。

大川　そうそう。

あるいは、都庁の職員で、臨海副都心を開発し、ペンペン草を生やしてしまって反省した人が、宗教で仕事を立ち上げるとか（会場笑）、「『大きなものをつくればよい』というものではない。きちんとお客さんが来て、回転しなくてはいけない」ということを勉強するとかね。やはり、そういう勉強は必要ですよ。

「失敗の勉強」も大事です。実社会で失敗したことは、「私は、こんなことで失敗した。君たちは気をつけよう」というかたちで、子供たちに教えられる材料になるんですね。ただ、それは、〝純粋培養《じゅんすいばいよう》〟されただけだと難しい。

例えば、恋愛《れんあい》などで悩《なや》む、十代の若者は多いけど、先生がたには、勉強を教えるだけではなく、たまには脱線《だっせん》して、自分の失敗談のようなものを話せるぐらいの自信があるといいですね。

「こんなことが理由で振《ふ》られたことがある」とか、「こんなことで失敗した」とか、そういう失敗談は、自分の学力に自信があり、生徒たちから信頼されている教師であれば、実は言えるんですよ。

ところが、学力のほうが怪《あや》しく、それを生徒たちに疑われている人の場合、そういう失敗談を話すと、「やはり、あの人は駄目だったんだ」と思われてしまうので、言えないのです。

若い人にとっては、失敗談も非常に大きな勉強になるので、それを言えるぐらいの器《うつわ》の大きさが、ある程度、教師には要るでしょう。

黒川　そうですね。

「いじめ」問題解決のため、学校教育に倫理《りんり》的な考え方を

大川　教育では、「いじめ」問題もありますね。

当会は、「いじめ防止」に積極的に取り組んできています。この問題に関しては、

教育委員会等には、もうひとつ信頼が置けないので、「第三者に相談するように」とか、「克明《こくめい》に記録を録《と》るように」とか、いろいろとアドバイスをしてはいます。ただ、最終的には、やはり、学校教育に倫理《りんり》的な考え方を取り入れなければ駄目なのです。この世的な考え方だけでは解決しません。学校で裁判のようなことをしても、単なる多数決になってしまいますし、それでは善悪が判定できないんですね。

黒川　「いじめたほう」と「いじめられたほう」について、「どちらが悪いか」ということを、多数決で決めている学校もあったそうです。

大川　そうそう。そうなると、学校の質による違いが生じます。だから、ある程度、判断する基準は要るでしょう。

黒川　そのためには、やはり、宗教教育、あるいは倫理教育を……。

大川　それが大事だと思います。

10 経営危機に瀕《ひん》しているマスコミの罪

世論を誘導《ゆうどう》して安倍《あべ》政権を潰《つぶ》した朝日新聞

大川　自民党は安倍《あべ》総理のときに教育基本法の改正をしたりしましたが、そのとたん、マスコミは安倍総理を引きずり下ろそうとしましたね。

黒川　朝日新聞をはじめ、マスコミが引きずり下ろしにかかりました。

大川　最近、第三者が安倍さんのことを書いた本（小川榮太郎《おがわえいたろう》著『約束の日　安倍晋三《しんぞう》試論』〔幻冬舎《げんとうしゃ》刊〕）を読みましたが、その「まえがき」には、「朝日新聞社のなかで、『安倍の葬式《そうしき》はうちで出す』と、朝日新聞の幹部が発言した」と書かれていました。

また、ある評論家が、朝日新聞の幹部に、「安倍のいいところを認める報道はできないのか」と訊《き》くと、「社是《しゃぜ》だから、できません」と答えたそうです。

そういうことがまかり通るわけなんですね。

黒川 「これでもマスコミなのか」と思いました。

大川 驚《おどろ》きました。完全な誘導《ゆうどう》ですよね。

黒川 はい。世論に対する誘導です。

大川 「安倍政権の政策について、全部が悪」ということはないでしょう。

黒川　当時のマスコミは、安倍内閣の閣僚《かくりょう》に対して、顔の絆創膏《ばんそうこう》のことまで批判の材料にしていました。

大川　安倍総理は、教育基本法に手を付けたり、国民投票法を取り入れたりしたので、朝日は、「憲法改正などをやる気だな」と思い、「安倍政権を潰《つぶ》せ」ということを社是にしたのでしょう。

黒川　そうですね。

大川　しかし、社是とは驚きです。そういう内部事情が、たまに外に出てくるわけですが、そういうものを、もう少し知りたいですね（注。その後、九月二十日に、「社是ですから……」と答えたとされる若宮啓文《わかみやよしぶみ》論説主幹〔現・朝日新聞主筆〕の守護霊霊言《しゅごれいれいげん》を収録した。『朝日新聞はまだ反日か』〔幸福の科学出版刊〕参照）。

黒川　そうですね。

週刊誌の記事には〝大臣を殺す力〟がある

大川　ああいう考え方が、意外に、「いじめ」とつながっているかもしれないんですね。いじめも、一つの「価値観の戦い」ですから。やはり、「ある程度、相手の考え方を許容するかどうか」ということがあると思います。考え方が違《ちが》っていると、弾《はじ》かれてしまうからです。

だから、いじめはマスコミでも横行しています。

例えば、昨日（九月十日）、金融《きんゆう》・郵政改革担当大臣が自殺しました。

黒川　はい。松下さんですね。

大川　七十三歳《さい》の現職の大臣が首吊《くびつ》り自殺をするなんて、恥《は》ずかしい話です。彼は、明日発売の「週刊新潮」の記事を恐《おそ》れて自殺したんでしょう？私のほうが週刊誌の記事に対する抵抗力《ていこうりょく》が上のような気がして、少しは自信を深めていますが、まだ発売もされていない週刊誌の記事を恐れて首を吊るなんて……。「大臣は、こんなに弱いものなのか」と思うと、情けないですね。やはり、個人は弱いのでしょうか。「週刊誌から突《つ》っ込《こ》まれても、口で反論するしかない」というのは、つらいのでしょうか。そして、「人間関係をいろいろ疑われ、周りから、あれこれと訊かれたりするのか」と思うと、死んでしまいたくなる、そういう弱いところが、人間には、あるものなんでしょうか。

週刊誌は、このようなかたちで〝殺人〟をしても、罪に問われないんですね。

黒川　むしろ、よく売れて……。

大川　これは「言論による殺人」ですよ。

黒川　そうですね。

大川　発売前にもかかわらず、大臣を殺す力があるのですから、大したものです。マスコミが権力に驕《おご》るだけのことはありますね。発売前に記事の掲載《けいさい》を止《と》められなかったら、それで相手は自殺する。こういうかたちで大臣を殺せる。これなら、悪《あく》魔《ま》が取り憑《つ》きたくなるでしょう。

黒川　今は、もう、「マスコミが第一権力になっている」とも言われています。

大川　悪魔は「こんなに面白《おもしろ》いことはない」と感じているでしょう。相手が大臣であっても、ペンで殺せるわけですからね。

幸福実現党は、今は、まだ、「勢力が小さい」と思われ、なめられているので、マスコミから攻撃《こうげき》されることはほとんどなく、幸福の科学に対する宗教絡《がら》みの攻撃のほうが多いとは思います。しかし、幸福実現党も、実際に政権を取っていく過程では、胆力《たんりょく》を付け、マスコミの攻撃を跳《は》ね返していかなくてはなりません。

それは竹島《たけしま》や尖閣《せんかく》の問題でも同じです。相手から言われていることを「不当だ」と思ったら、しっかりと言い返す訓練をしなくてはいけないんですね。

ただ首を吊ればよいというものではありません。やはり、「言い返すべきものは言い返すべきだ」と私は思います。

こちらが引き下がると、向こうは幾《いく》らでも踏《ふ》み込んでくるわけです。

マスコミも、最初は、調査した事実に基《もと》づいて書いていても、だんだん、憶測《おくそく》や噂《うわさ》に基づいて書くようになり、「〝球〟を投げて当たれば勝ちだ」と考えるようになってくるんですよ。

マスコミの姿勢がバブル崩壊《ほうかい》後の状況《じょうきょう》に似てきた

大川　今、週刊誌などは、なかなか食べていけないんですよね。

この状況《じょうきょう》は、バブルが崩壊《ほうかい》し、不況が始まった一九九〇年代によく似ています。九三年、九四年、九五年ぐらいの感じですね。

マスコミはバブルを崩壊させるために頑張《がんば》ったけれども、その結果、実際にはマスコミに経営危機が来たんですよ。それで、いろいろな週刊誌が、袋《ふくろ》とじのヘアヌードの掲載などを始めたため、幸福の科学は、その反対運動を行いました。

今は、あのころに感じが似ているのです。当時と似たようなことを、また、いろいろな週刊誌がやり始めていますが、今、かなりの経営危機が訪《おとず》れているのだと思うんですね。

こういう経営危機になると、週刊誌は、スクープを連発しないと生きていけなくなるので、とにかく灰色ゾーンをどんどん増やしていき始めます。だから、これに対する倫理《りんり》的チェックが、多少、要《い》ると思います。

そういう時代に、また入ってきました。マスコミの編集の仕方を見て、そういう、いかがわしいものが増えてきたら、それは、経営が厳しいことを表しています。でも、その経営危機の原因は、実は、自分たちがつくっていることが多いんですけどね。

マスコミの攻撃を乗り越《こ》えていかないと、政治家も生きていけないようなので、それだけの強さを持ち、「精神的な価値観」と「実績をつくっていく力」が大事でしょう。

黒川　そうですね。そして、諸外国からの圧力に対しても、同じことが言えるのではないでしょうか。「絶対に引かない」という、強い姿勢が必要だと思います。

大川　そうそう。

政治家は時間をかけて「帝王学《ていおうがく》」を勉強せよ

大川　それと、日本人の政治家の言葉が不明瞭《ふめいりょう》な理由のほとんどは、言葉を〝ツルツル〟にして、攻撃を受けないようにしようとすることでしょう。角《かど》のあることを言うと、それにマスコミが付け込んでくるので、そうなるんでしょうけど、それは、大きな意味では国益を損じているかもしれませんね。

黒川　はい。竹島や尖閣の問題について、日本の政治家は、自民党政権の時代から、ずっと、当たらず触《さわ》らずで来ていたと思います。

大川　その意味では、政治家には、時間をかけて、きっちりと帝王学《ていおうがく》を勉強しておくことが必要ですね。

中曽根《なかそね》元総理が、いい例です。

中曽根氏は、ずっと少数派閥《はばつ》にいたため、マスコミの評判は、必ずしもよくなかったのに、総理になったら、がぜん評判が上がり、結局、中曽根内閣は五年もの長期政権になりました。彼は、「総理になったときに、やりたいこと」を、一生懸命《いっしょうけんめい》に書き溜《た》め、それが大学ノート三十冊になっていたそうです。それがそうとう効いて、意外に、あとで評判がよくなりました。

政治においても、やはり、ある程度の準備は要るのでしょう。偉《えら》くなったときのために、早くから勉強を始めておかなくてはならず、急に偉くなると、危ないところがあるんでしょうね。

11 沈黙《ちんもく》せずに提言し続けよ！

情報拡散のなかにあって、大事な「筋」を忘れるな

黒川　本日、いろいろとご指導いただきました、根本《こんぽん》に必要な精神、特に、宗教的精神や、力強く正義を打ち出していく精神を貫《つらぬ》いてまいります。

民主主義の弱点によって、そうした精神や愛国心の部分が骨抜《ほねぬ》きになり、拡散する方向に行っていることが、国家の求心力を弱めているので、幸福実現党は、毅然《きぜん》たる精神を持ち、国家に精神的支柱を打ち立ててまいります。

大川　情報は遠心力的に広がってきていると思うのです。個人情報のようなものが、本当に、どんどん拡散している状態のなかで、求心力というか、一本、大事な

「筋」を忘れないよう、いつも引き戻《もど》していき、「この柱から離《はな》れないようにしなくてはいけない」ということを、打ち出し続けることも大事ではないかと思います。

黒川　はい。私も、単なる「人間グーグル」にならないよう（笑）、しっかりとした「芯《しん》」をつくってまいります。

大川　いや、あなたの発信する情報が足りないから、世間《せけん》は、精神的柱を求めて、コンピュータにコンピュータを重ねて、つなぎ続けているのかもしれませんけどね。

黒川　はい。幸福実現党は、大川総裁から、しっかりとした「精神の柱」を頂いています。今の日本にとっても、この精神的支柱は不可欠であると考えています。

言いたい放題を言っても、大事なことを外さないように

大川　私は、別に、政治を専門にしているわけではないけれども、国家に対する責任は、すごく感じています。私が書いて出版しているものを読み、その内容を実践《じっせん》している人が大勢いるので、その重みをヒシヒシと感じているんですよ。

私は言いたい放題を言っていますが、その重みを感じると、だんだん、言えなくなってくることが多いんですね。ただ、「言いたい放題を言いつつ、本当に言いたい大事なことを外さないようにする」ということは大事だと思います。

黒川　そうですね。大川総裁には、過激な発言をするなど、あえて悪役を演じていただいており、われわれとしては、本当に恐縮《きょうしゅく》というか……。

大川　私は、言いたい放題を言ってはいるんですけども、失言はしないんですよ。というのは、「話した内容が、全部、公開され、活字になる」ということに、もう、二十六年間、慣れてきているからです。だから、言いたい放題を言っているようで、基本的に失言はしないのです。

ただ、責任が重くなったら、あまり言わなくなりがちですけど、「大事なことは、やはり言わなくてはいけない」ということを、肝《きも》に銘《めい》じたほうがいいですね。立木《ついき》党首の口が、だんだん、貝のごとく重くなっていくようだったら、「人間グーグル」が言いまくるしか、方法はないんですよ。「グーグルによりますと、○○だとのことです」などと言わないと、しかたがないですね（会場笑）。

黒川　はい。

撃《う》って撃って撃ちまくれ！

大川　新しいものは、どんどん意見を提言しないと駄目《だめ》だと思います。だから、〝弾《たま》〟を撃《う》たなければなりません。撃っても撃っても、それほど簡単には命中しませんし、命中しても、なかなか相手は墜《お》ちないんですよ。

零戦《ゼロせん》の名操縦士の故・坂井三郎《さかいさぶろう》氏は、公式に「敵機を六十四機も撃墜《げきつい》した」と言われ、アメリカ人にも尊敬されている「撃墜王」ですが、あるとき、グラマン（F4F）との空中戦で、二百発も弾を命中させたのに、敵機は墜ちなかったそうです。

その後、改良型のグラマン（F6F）が飛ぶようになってからは、零戦をもってしても、なかなか墜とせなくなったのですが、その相手は旧式グラマンだったため、坂井氏は、「こんなことがあるのだろうか」と思って、敵機と並んで飛び、風防《ふうぼう》を開けて相手の顔を見たら、相手はもう血だらけになっていました。

それで、一瞬《いっしゅん》、「かわいそうだから、逃《に》がしてやろうか」と思ったらしいのですが、このまま逃がすと、将来、味方が犠牲《ぎせい》になるおそれがあるので、しかたがなく、「殺生《せっしょう》になるかな」と思いながら、敵機のエンジンを狙《ねら》って、弾を撃ち込《こ》んだそうです。

結局、その相手は、墜落前にパラシュートで脱出《だっしゅつ》したらしいですけどね。

二百発、弾を撃ち込まれても、墜ちなかったんですから、グラマンはすごいですが、それにとどめを刺《さ》す男も、また、すごいと思います。「男対男の戦い」のようなものです。

当会の撃っている〝弾〟も、一発一発には大した影響力《えいきょうりょく》がないかもしれません。「なかなか弾が当たらないな。相手は、まだ炎上《えんじょう》しないのかな。まだ墜ちないのかな」と思うかもしれないけれども、二百発、撃っても、相手が墜ちないこともあるので、やはり、とどめを刺すところまで弾を撃たなくてはいけません。撃つのをやめて沈黙したら負けだと思いますよ。

黒川　はい。撃って撃って撃ちまくります。

大川　特に、あとから追うものは、そうでなければいけないと思います。

黒川　はい。私たちの敵は、唯物論《ゆいぶつろん》勢力という大きな相手なので……。

大川　そう。大きな相手ですよ。

黒川　この運動は、文明を根本から変えるものだと思います。

大川　そうそう。

黒川　宗教は政治の上に立つものです。「政教一致《いっち》」を目指し、文明を根本から変える意気込みで、二百発以上、撃って撃って撃ちまくります！

大川　私は霊言《れいげん》集を数多く出しています。出版社的に見れば、本当は、発刊点数を減らしたほうが、一点当たりでは、たくさん売れることが、分かってはいるのです（笑）。あんなに数多く出したら、一点当たりの売れ行きを落とすことになるんですよね。

でも、やはり、大事な〝弾〟を撃ち続けています。必要な論点というか、考える材料として必要なことを、出さなくてはいけないと思っているのです。

「未来を見通すための智慧《ちえ》」に満ちた対談になった

司会　お時間が来てしまいました。

大川　あ！　ああ……。

司会　今日は、政治、国防、教育、マスコミなど、それこそ、「グーグル」のように……。

大川　グーグル（笑）。

黒川　（笑）

司会　いろいろなテーマが取り上げられましたが、最も付加価値がある、「未来を見通すための智慧《ちえ》」となるお話を、たくさん交《か》わしていただきました。

大川　（黒川に）あなたは一九九〇年の入局ですか。

黒川　都庁には八九年に入りました。幸福の科学への入局は九一年です。

大川　八九年……。〝二十三年ぶりの真実〟を聞いたような気がします。黒川さんが都庁に一番で受かっていたことを、私は初めて知りました。

（司会に）ありがとう。そんなことは聞いたことがなかったんです。まあ、聞いたけど、覚えていなかったのかもしれないんですが（笑）（会場笑）。

それは、十分、都庁や石原《いしはら》都知事に対する抑止力《よくしりょく》になると同時に、大阪《おおさか》の橋下《はしもと》市長に対する抑止力になるかもしれませんね。

黒川　中国に対する抑止力にもなりたいと思います。

大川　中国に対する抑止力？　まあ、そうなるといいですね。

黒川　はい。本日は本当にありがとうございました。

大川　彼は努力して頑張《がんば》ってくれると思います。

司会　楽しく、充実《じゅうじつ》した時間でした。どうもありがとうございました。

大川　はい。

黒川　ありがとうございました。

あとがき

『人間グーグル』といっても、古い言葉でいえば「知恵袋」ぐらいの意味である。黒川氏は情報通、政策通である。同じ早稲田の政経卒といっても、野田首相の「ドジョウ」や橋下大阪市長の「旅芸人の座長」に比べれば、高速回転の未来型ロボットのような頭脳を持っている。

『幸福実現党』を、単なる宗教のＰＲ団体程度に認識している政治家は、いずれ大恥をかくことになるだろう。『人間グーグル』には官僚の作文など必要ないのだ。全ての政策について、たちどころに答えを引き出してくるのだ。

この良き参謀を得て、宗教政党の本物の実力が世に知られる日は近いと信じている。

二〇一二年　十月二日

幸福《こうふく》の科学《かがく》グループ創始者兼総裁《そうししゃけんそうさい》　大川隆法《おおかわりゅうほう》

『「人間グーグル」との対話』大川隆法著作参考文献

『「アエバる男」となりなさい』（幸福実現党刊）
『坂本龍馬 天下を斬る！』（同右）
『李克強 次期中国首相 本心インタビュー』（同右）
『世界皇帝をめざす男』（同右）
『中国と習近平に未来はあるか』（同右）
『徹底霊査 橋下徹は宰相の器か』（同右）
『国防アイアンマン対決』（同右）
『松下幸之助の未来経済リーディング』（幸福の科学出版刊）
『中国「秘密軍事基地」の遠隔透視』（同右）
『朝日新聞はまだ反日か』（同右）

「人間《にんげん》グーグル」との対話《たいわ》――日本を指南する――

2012年10月17日　初版第1刷

著　者　　大《おお》川《かわ》隆《りゅう》法《ほう》

発　行　　幸福実現党

〒107-0052 東京都港区赤坂2丁目10番8号
TEL(03)6441-0754

発　売　　幸福の科学出版株式会社

〒107-0052 東京都港区赤坂2丁目10番14号
TEL(03)5573-7700
http://www.irhpress.co.jp/

印刷・製本　株式会社 東京研文社

落丁・乱丁本はおとりかえいたします

ISBN978-4-86395-253-9 C0030

大川隆法 ベストセラーズ・幸福実現党の魅力とは

スピリチュアル党首討論

安倍自民党総裁 vs.立木幸福実現党党首

自民党が日本を救う鍵は、幸福実現党の政策にあり！ 安倍自民党新総裁の守護霊と、立木秀学・幸福実現党党首が政策論争を展開。

【幸福実現党刊】

1,400円

国家社会主義への警鐘

増税から始まる日本の危機

幸福実現党の名誉総裁と党首が対談。保守のふりをしながら、社会主義へとひた走る野田首相の恐るべき深層心理を見抜く。

【幸福実現党刊】

1,300円

公開対談

日本の未来はここにあり

正論を貫く幸福実現党

時代に先駆け、勇気ある正論を訴える幸福実現党の名誉総裁と党首が公開対談。震災、経済不況、外交危機を打開する方策を語る。

【幸福実現党刊】

1,200円

※表示価格は本体価格(税別)です。

大川隆法ベストセラーズ・幸福実現党 対談シリーズ

「アエバる男」となりなさい

PRできる日本へ

アメリカ共和党も認めた幸福実現党の正当性! 国師との対談から見えてくる日本政治の問題点と、国難を打破する人材論とは。
【幸福実現党刊】

1,400円

野獣対談
——元祖・幸福維新

外交、国防、経済危機——。幸福実現党の警告が次々と現実化した今、国師が語り、党幹事長が吠える対談編。真の維新、ここにあり!
【幸福実現党刊】

1,400円

猛女対談
腹をくくって国を守れ

国の未来を背負い、国師と猛女が語りあった対談集。凛々しく、潔く、美しく花開かんとする、女性政治家の卵の覚悟が明かされる。
【幸福実現党刊】

1,300円

幸福の科学出版

大川隆法ベストセラーズ・アジア情勢の今後を占う

中国と習近平に未来はあるか

反日デモの謎を解く

「反日デモ」も、「反原発・沖縄基地問題」も中国が仕組んだ日本占領への布石だった。緊迫する日中関係の未来を習近平氏守護霊に問う。

【幸福実現党刊】

1,400円

李克強 次期中国首相本心インタビュー

世界征服戦略の真実

「尖閣問題の真相」から、日本に向けられた「核ミサイルの実態」、アメリカを孤立させる「世界戦略」まで。日本に対抗策はあるのか!?

【幸福実現党刊】

1,400円

韓国 李明博大統領のスピリチュアル・メッセージ

半島の統一と日韓の未来

ミサイル発射、核開発――。暴走する北朝鮮を、韓国はどう考えているのか。大統領守護霊が韓国の外交戦略などを語る。

【幸福実現党刊】

1,300円

※表示価格は本体価格(税別)です。

大川隆法 ベストセラーズ・反日思想を正す

従軍慰安婦問題と南京大虐殺は本当か？
左翼の源流 vs. E.ケイシー・リーディング

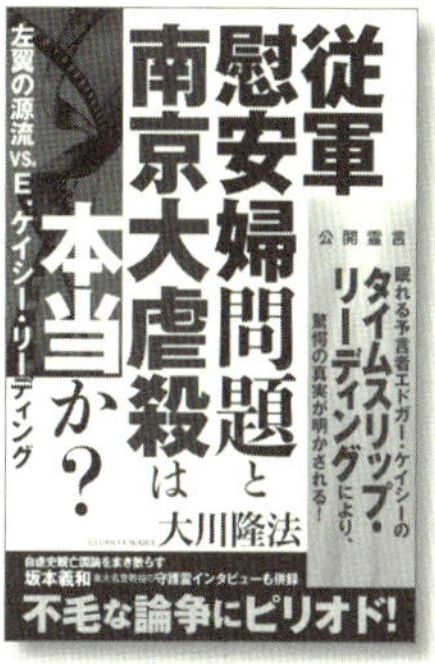

「従軍慰安婦問題」も「南京事件」も中国や韓国の捏造だった！ 日本の自虐史観や反日主義の論拠が崩れる、驚愕の史実が明かされる。

1,400円

NHKはなぜ幸福実現党の報道をしないのか
受信料が取れない国営放送の偏向

偏向報道で国民をミスリードし、日本の国難を加速させたNHKに、その反日的報道の判断基準はどこにあるのかを問う。

1,400円

朝日新聞はまだ反日か
若宮主筆の本心に迫る

日本が滅びる危機に直面しても、マスコミは、まだ反日でいられるのか!? 朝日新聞・若宮主筆の守護霊に、国難の総括と展望を訊く。

1,400円

大川隆法 ベストセラーズ・神秘の扉が開く

神秘の法

次元の壁を超えて

2012年10月6日 ロードショー

この世とあの世を貫く秘密を解き明かし、あなたに限界突破の力を与える書。この真実を知ったとき、底知れぬパワーが湧いてくる！

1,800円

公式ガイドブック①
映画「神秘の法」が明かす近未来シナリオ

［監修］大川隆法

この世界は目に見える世界だけではない。映画「神秘の法」に込めた願いが熱く語られる、近未来予言映画第2弾の公式ガイドブック。

1,000円

幸福の科学出版

※表示価格は本体価格（税別）です。